SETEMBRO VERMELHO

O golpe de Estado no Chile em 1973

da conspiração às primeiras resistências

SETEMBRO VERMELHO

O golpe de Estado no Chile em 1973

da conspiração às primeiras resistências

OLIVIER BESANCENOT E MICHAEL LÖWY

2023

AUTONOMIA
LITERÁRIA

Título original: Setembro Vermelho: O golpe de Estado no Chile em 1973 – da conspiração às primeiras resistências

Coordenação: Cauê Seignemartin Ameni, Hugo Albuquerque, Manuela Beloni
Tradução: João Gomes
Preparação, edição e revisão de texto: Lígia Magalhães Marinho
Diagramação: Danielle Fróes
Capa: Rodrigo Corrêa

ISBN: 978-85-69536-80-2

Dados Internacionais de Catalogação na Publicação (CIP)
(eDOC BRASIL, Belo Horizonte/MG)

B554s

Besancenot, Olivier.
Setembro vermelho: o golpe de Estado no Chile em 1973, da conspiração às primeiras resistências / Olivier Besancenot, Michael Löwy; tradutor João Gomes. – São Paulo, SP: Autonomia Literária, 2023.
200 p. : 14 x 21 cm

Título original: Septembre rouge
ISBN 978-85-69536-80-2

1. Chile – História – Golpe de Estado, 1973. 2. Chile – Política e governo – 1970-1973. I. Löwy, Michael. II. Gomes, João. III. Título.
CDD 983.064

Elaborado por Maurício Amormino Júnior – CRB6/2422

Autonomia Literária
Rua Conselheiro Ramalho, 945
CEP: 01325-001 – São Paulo – SP
autonomialiteraria.com.br

SUMÁRIO

PREFÁCIO

Este livro é uma ficção histórica baseada em fatos reais. Tal foi a escolha que fizemos para homenagear os militantes que tiveram que confrontar o 11 de setembro de 1973, o golpe militar sangrento do general Pinochet e de suas tropas. Não se trata, propriamente falando, de um livro de História: nós não somos historiadores e já existe um número considerável de obras sobre os acontecimentos desse período. Não se trata também de um ensaio teórico ou estratégico dedicado à síntese da Unidade Popular. Desejamos realizar um exercício mais modesto, um tipo de narrativa política "romanceada" que trata da conspiração putschista e da jornada do 11 de setembro. Tudo abordado com um viés assumido: relatar essa sequência do ponto de vista de um certo número de atores e atrizes da esquerda chilena da época. Para nós, aqueles que resistiram, com armas em punho, à máquina de guerra militar e policial da Junta, não são "vítimas" antes de tudo, mas combatentes de corpo inteiro. Entre eles, falaremos daquele que se recusou a capitular até o seu último suspiro: Salvador Allende.

Certamente, enquanto marxistas revolucionários, nossa simpatia se dirige primeiramente aos militantes do MIR – Movimiento de Izquierda Revolucionaria – e à esquerda do Partido Socialista da época; entretanto, o objeto das linhas que seguem não é saber "quem tinha razão", mas simplesmente contar uma faceta dessa história de uma forma viva e personalizada. Não temos nenhuma pretensão e nenhuma vontade de tirar "as lições da História" no lugar dos próprios revolucionários chilenos.

Salvador Allende e a Unidade Popular foram mais longe no confronto com as classes dominantes que a maioria dos governos progressistas da América Latina, excetuando-se o caso cubano, evidentemente. Essa experiência suscitou uma mobilização operária e popular sem precedentes, em comitês da Unidade Popular, nos JAP (comitês de abastecimento e controle de preços), nos cordões industriais assim como, em menor medida, nos comandos comunais. Ela foi, sob vários aspectos, um caso único de tentativa de transição para o socialismo na história do continente, sem guerra civil anterior. Ao mesmo tempo, confirmou uma velha regra da luta de classes: a democracia é tolerada pelas oligarquias quando ela não ameaça seus privilégios...

Os revolucionários chilenos e seus amigos no mundo inteiro, entre os quais nos incluímos, fizeram muitas perguntas sobre essa experiência política, com dúvidas e por vezes críticas legítimas: uma transição pacífica para o socialismo é possível? Allende deveria ter armado o povo, distribuído armas para as organizações populares? O povo armado poderia vencer as Forças Armadas chilenas? Um embrião de poder popular deveria ter sido construído a partir dos cordões industriais? Etc. O objetivo, aqui, não é responder a todas essas questões. Nos limitamos a narrar certos acontecimentos precisos com nosso sentimento de profunda empatia e admiração pelos nossos camaradas chilenos, e de indignação diante dos crimes de Pinochet e seus sicários.

Na redação desta narrativa e em vários diálogos que fazem parte dela, tentamos nos manter o mais próximo possível dos fatos conhecidos e documentados, utilizando algumas vezes, igualmente, nossa imaginação para descrever certas conversas ou encontros. É a "licença artística" que precisamente faz diferença entre a nossa contribuição e os trabalhos de historiografia universitária. A atenção dirige-se para a dimensão "subjetiva" dos fatos, tal como eles foram vividos por seus protagonistas, mais do que para o movimento "objetivo" das forças ali presentes.

A história de Salvador Allende, da Unidade Popular e do golpe militar de setembro de 1973 faz parte integrante da "tradição dos oprimidos" sobre a qual falava o filósofo Walter Benjamin. Ela constitui um patrimônio comum do povo chileno, dos povos da América Latina e do mundo inteiro. Essa sequência comporta, como todo movimento de emancipação, as suas contradições, seus problemas, seus limites; uma tentativa ao mesmo tempo exaltante, trágica e épica. Nós dois, autores deste texto, a levamos em nosso coração há muito tempo e para sempre.

Uma palavra sobre o título: *Setembro Vermelho* é ao mesmo tempo uma referência à cor política dos militantes que se opuseram ao golpe de Estado – o vermelho – como também ao sangue dos milhares de chilenos que foram torturados e assassinados pelos putchistas no 11 de setembro de 1973 e depois, durante os meses e os anos que se seguiram.

Nota bene: certos diálogos que virão realmente ocorreram, e as palavras trocadas correspondem, fora alguns detalhes, aos documentos históricos recortados. Mas nós imaginamos igualmente outros encontros que nos pareceram prováveis, e os discursos expressam, então, essencialmente as convicções dos personagens, tais como elas puderam se manifestar em diversas ocasiões; algumas das conversas são fictícias, mas verossímeis. Enfim, a cronologia detalhada respeita o encadeamento geral dos acontecimentos, mas, no que concerne à escolha precisa de certas datas e horas, nos autorizamos uma relativa liberdade, com o intuito de alimentar a narrativa de maneira contínua.

A CONSPIRAÇÃO CONTRA A UNIDADE POPULAR

Em 4 de setembro de 1970, Salvador Allende, apoiado pela Unidade Popular, alcança o primeiro lugar nas eleições presidenciais, com um pouco menos de 37% dos votos. Logo que o resultado foi conhecido no Chile, os adversários da coalizão vitoriosa organizam a retaliação. O governo dos Estados Unidos, vários militares de ata patente chilenos, as principais multinacionais do país, grupos fascistas e de políticos de direita assim como a totalidade da mídia reacionária se mobilizam imediatamente e ativamente para impedir o poder democraticamente eleito de presidir o Chile. É preciso acabar com Allende e com os "marxistas" se valendo de todos os meios necessários.

15 DE SETEMBRO DE 1970, WASHINGTON

O presidente dos Estados Unidos, Richard Nixon,[1] convoca uma reunião "restrita" no salão Oval da Casa Branca. Como de hábito, Nixon tem uma agenda apertada, mas quis encontrar, de todas as formas, uma oportunidade para resolver, durante a sessão, o assunto que o preocupa. Sentado na beirada de um banco, ele se demora olhando seu perfil no espelho: pele bronzeada, corte de cabelo cuidadoso, recentemente barbeado, com seu blazer azul e a camisa imaculada, não há nada de novo a ser dito, seu aspecto é a imagem do que se pode esperar do presidente da principal potência mundial. Resumindo, ele tem classe. Uma razão a mais para não deixar que qualquer um pise nos seus calos, sobretudo quando se trata do dirigente de um país subalterno. "Um governo marxista no Chile? E depois? O que mais? Não será comigo

1. Richard Milhous Nixon (1913-1994). Eleito presidente por duas vezes, foi obrigado a renunciar em 1974 por conta de seu envolvimento no escândalo de Watergate: uma tentativa grotesca de instalar escutas em locais da direção do Partido Democrata.

que haverá uma nova Cuba na América!" – murmura para o seu reflexo, carrancudo. Convencido e inflamado por seu apelo para um acerto de contas, ele se levanta com um pequeno impulso dinâmico e se aproxima do espelho para ajustar, mais uma vez, a sua gravata. Seus olhos mergulham intensamente no próprio olhar. Por que ele herdaria um caso que deveria ter sido resolvido, sem hesitação, há muito tempo? O projeto de apoiar o centrista Eduardo Frei em sua ascensão ao poder, em 1964, acabou se voltando contra os interesses dos Estados Unidos. Na época, a administração americana e a direita chilena tinham feito a escolha de fechar os olhos para as promessas reformadoras de Frei, optando por este último com o único objetivo de bloquear o candidato socialista Salvador Allende. Resultado do páreo, seis anos mais tarde, a direita havia preferido retomar as suas fichas apresentando-se sob as suas próprias cores para a eleição presidencial de 1970, que Allende ganhou dessa vez, superando dois candidatos, Radomiro Tomic, pela Democracia Cristã, e Jorge Alessandri, pelo Partido Nacional. Washington tinha, evidentemente, feito sua aposta, em todos os sentidos do termo, em Alessandri, porque ele ao menos apresentava a vantagem de nunca adular a ideologia marxista e porque tinha, também, o prazer mórbido de desentranhar o espírito comunista onde quer que ele se encontrasse. Mas os milhões de dólares despejados não foram suficientes, e Allende tinha finalmente batido seus dois rivais.

Sendo assim, a partida estava longe de terminar, notadamente porque Allende, apesar de ter chegado na frente, não dispunha da maioria no Parlamento. Essa situação representava, por um lado, um dilema para que ele pudesse ser eleito constitucionalmente e um elemento importante que Nixon pretendia esclarecer aos seus convidados do dia.

"Que eles não me encham com detalhes e desculpas", irritava-se ele de saída, dirigindo-se de maneira decidida para a porta, recuperando, no caminho, os rascunhos colocados sobre a sua mesa de trabalho. Relê, andando, os excertos que ele mesmo destacou. Em particular o anexo classificado "*Top secret*" do estudo intitulado *National Security Study Memorandum 97*. Seu dedo desliza várias vezes sobre o papel como se ele sublinhasse com caneta as quatro palavras de conclusão: "opção extrema: derrubar Allende". Não há dúvidas, apagar o incêndio chileno exige estômago e mão de ferro, duas qualidades das quais ele se sentia imbuído. Afinal, ele tem o currículo para isso: sua brilhante carreira política não começou, com força, em 1947 ao lado do honorável senador McCarthy perseguindo os "vermelhos" no célebre Comitê Parlamentar sobre as Atividades Antiamericanas? A caça às bruxas é sua especialidade.

Nixon dá uma olhada no mostrador do relógio: 15h25 em ponto. As portas se abrem, ele convida seus hóspedes a se unirem a ele. O procurador-geral John Mitchell abre o baile. Calvo, com o olhar sombrio, ele exibe uma gravata vermelha com pontos brancos de extremo mau gosto, colocada sobre um terno mal cortado que, além do mais, empesteia o ambiente com um odor insistente de tabaco Burley, aquele de um cachimbo que ele insiste em conservar no bolso direito do seu paletó. Apesar das divergências estéticas evidentes, Nixon o aprecia sinceramente, um homem fiel de fato, pelo menos, do tipo que sucumbiria com Nixon se, por uma infelicidade, este devesse cair um dia. O mesmo não se pode dizer de Richard Helms, o diretor da Agência, a CIA, que o segue muito de perto. Algo nele faz com que Nixon duvide da sua lealdade. Escorregadio demais, transparente demais, camaleão demais. Ele até mesmo se surpreendeu mais de uma vez perguntando se Helms não buscava imitar o seu estilo de vestimenta. E que ideia é essa de exibir um lenço branco o tempo todo no bolsinho do seu terno? Quem faz isso? Sem esperar ter sido convidado, Helms se senta e tira imediatamente uma caneta da sua pasta de couro. "De onde vem essa mania de transcrever tudo? O que ele espera fazer com tudo isso depois?".[2] Decididamente, tudo isso não significa nada para ele que valha a pena. Enfim, é Henry Kissinger, conselheiro de Segurança Nacional, que encerra a fila e entra na sala. Ali, muda-se claramente de registro. O que pensar realmente desse homem? Difícil dizer. O fato é que Nixon e ele estão em sintonia politicamente, mas ele não ignora, tampouco, que Kissinger tem uma opinião própria e segue o seu

2. Foram as notas manuscritas de Richard Helms que, depois de retirado o segredo de Estado, permitiram conhecer a natureza dessa reunião diante do Senado em 1975.

próprio caminho. Seus adversários, os democratas, têm um prazer perverso de tentar agudizar as rivalidades nesse domínio. De fato, eles não hesitam nunca em apresentar Nixon como um hábil manipulador, "Tricky Dicky", "Dick, o sorrateiro", como dizem. Mas, no fundo, eles pensam que para o resto ele é dotado de uma inteligência medíocre. A verdadeira cabeça pensante seria Kissinger, segundo eles. A opinião deles lhe é indiferente, e essa divisão de papéis lhe é conveniente, na verdade. Nixon deixará, pois, seu conselheiro ser o cérebro desse grupinho. Ele, Kissinger, o grande estrategista, da guerra do Vietnã – um criminoso de guerra dirão outros – capaz de uma visão mundial dos interesses do império americano. Seu modelo político? O chanceler Metternich, o estrategista da Santa Aliança das monarquias europeias contra a Revolução Francesa de 1789! Mas, fora um currículo e referências que falam evidentemente por ele, Kissinger possui sobretudo um trunfo de peso precisamente sobre o caso chileno: graças a uma sólida rede de informantes, ele acompanha, e de muito perto, a situação política em Santiago. Desde 5 de agosto, com efeito, a estrutura encarregada das operações secretas, chamada de "comitê 40", esmiúça as diferentes hipóteses capazes de defender as cores dos Estados Unidos nessa tormenta em estreita associação com o embaixador americano baseado no Chile, Edward Korry. Além disso, Kissinger, que tem mais de uma carta na manga, sabe, quando lhe é necessário, acionar poderosos aliados localmente. Ontem mesmo, por exemplo, ele trouxe urgentemente de volta a Washington Agustín Edwards, principal engrenagem da CIA na América Latina, a fim de fazer um último balanço da situação durante um café da manhã particularmente frugal e frutífero. Esse rico herdeiro, proveniente de uma longa linhagem de negociantes chilenos, merece, é preciso dizer, as melhores atenções por ser uma pérola rara. Se a burguesia chilena devesse carregar um único sobrenome, seria o seu: Edwards. A família Edwards representa quase um século de dominação patronal no Chile: o ouro, as minas, o banco, a imprensa, mais de 60 sociedades aparentadas ao grupo Rockefeller... Muito pouca coisa lhes escapa. A preciosa dinastia conta também com alguns altos funcionários, diplomatas e até mesmo um ministro entre seus ativos. Seguro das ações de toda a sua linhagem, o neto dispõe a partir de agora de todas as chaves necessárias para entrar, assim que quiser, nos diferentes círculos que contam na alta sociedade, os do patronato, da classe política ou ainda do Exército. Sem esquecer a sala de redação do principal jornal do Chile, *El Mercurio*, do qual ele é o feliz proprietário. Que dádiva de Deus. Nixon sorri por dentro repensando precisamente sobre a manchete desse jornal de 1º de junho passado: a fotografia adulterada, representando um tanque soviético circulando diante do palácio presidencial de La Moneda, o havia alegrado particularmente. Um pouco excessivo, sim, mas muito eficiente. Era como contrapartida a esse gênero de pequenos serviços que a CIA "apoiava" as mídias de oposição com um montante de mais de um milhão e meio de dólares. Todo trabalho merece salário, não é?

Nixon, que sabe disso tudo, não ignora também que Edwards deve ter pautado Kissinger pouco antes desse encontro e pleiteado, para não perder o hábito, o emprego do método forte contra Allende. Afinal, por que ficar de rodeios?

> – *Nixon:* Senhores, mesmo se for uma chance em dez, é preciso salvar o Chile dos vermelhos! Não economizemos nosso dinheiro e nossos recursos. Este investimento será rentável. No mundo todo, parece que virou uma moda nos chutar a bunda. É preciso sabotar a economia chilena, fazê-la gritar, fazê-la urrar!
>
> – *Kissinger:* Completamente de acordo. Não podemos aceitar em *nosso continente* um governo marxista que seja próximo de Cuba. Vocês sabem, já tive a oportunidade de dizê-lo publicamente, e sem meias-palavras, antes mesmo das eleições chilenas, durante uma reunião do Conselho de Segurança Nacional em 21 de junho passado. Eu persisto e assino: "Não vejo por que deveríamos ficar de braços cruzados e observar como um país cai no comunismo por causa da irresponsabilidade do seu povo". Penso isso sinceramente, e os desafios são grandes demais para que deixemos os eleitores chilenos decidirem por si. Na época,

a imprensa liberal ficou furiosa comigo, mas eu os conheço, são só "idiotas úteis" do comunismo.

– *Nixon:* Você tem mil vezes razão! Esses ditos liberais que nos cospem na cara em nossa própria terra, nós os seguimos de bem perto, se for preciso, nós os desmarcaremos, nosso Comitê de investigação contra atividades antiamericanas se encarrega disso. Mas, o que se deve fazer para impedir uma tal catástrofe no Chile?

– *Kissinger:* Eu proponho começar por um plano A, batizado de Track I, uma estratégia "legal" consistindo em comprar os votos de deputados chilenos, para que eles recusem a confirmação da eleição de Allende. O costume é designar o candidato que recebeu mais votos, mas em última análise a decisão é da alçada do Parlamento.

– *Nixon:* Perfeito! Nós já reservamos 10 milhões de dólares para serviços desse gênero, e colocaremos mais se necessário. Mas se não funcionar?

– *Kissinger:* Eu previ essa eventualidade, senhor presidente! Existe igualmente um plano B, Track II. Encontraremos sem muita dificuldade um certo número de militares chilenos dispostos a organizar um golpe de Estado.

– *Nixon:* Excelente! Mas precisamos de alguém para organizar isso, é um trabalho de tempo integral e é necessário colocar nessa tarefa nosso agente mais competente.

– *Kissinger:* Com a sua aprovação, eu mesmo me encarregaria de supervisionar essa ação. Para o resto, o melhor é colocar no caso nosso amigo especialista das "operações invisíveis" para a Agência, Thomas Karamessines.

– *Richard Helms:* Quais são as disposições dos militares nesse momento?

– *Kissinger:* Estão divididos. Nosso principal obstáculo é o general René Schneider, o chefe do Estado-Maior. É um constitucionalista fanático que se opõe a toda tentativa de golpe de Estado.

– *Nixon:* Que pé no saco! O que fazer?

– *Kissinger:* Vamos cuidar disso...

O relógio de parede indica 15h45, a sessão é encerrada. Em pouco menos de vinte minutos o destino do Chile parece ter sido selado.

20 DE SETEMBRO DE 1970. HOTEL O'HIGGINS, VIÑA DEL MAR, VALPARAÍSO, CHILE

Para a ocasião, Orlando Saenz preferiu deixar seu tradicional terno de dirigente da Sofofa – Sociedade de Fomento Fabril –, a poderosa corporação industrial, optando por uma vestimenta mais descontraída: camiseta e colete; os dias estão ensolarados, as temperaturas permanecem frescas. E depois, trata-se também de ficar à vontade para reforçar um sentimento de proximidade com a vintena de convidados especialmente reunidos para esse seminário um pouco particular: os maiores nomes do capital econômico e financeiro do Chile, que ele mesmo selecionou a dedo. Qual lugar seria melhor para uma reunião seleta e golpista do que esse estabelecimento de luxo, o Pan-Americana Hotel? Localizado em pleno coração da cidade balneária de Viña del Mar, esse edifício de arquitetura belamente fora de moda abriga centenas de quartos, numerosas salas de reunião, sem esquecer as várias atrações para regalar seus convidados ilustres, o bar e suas garçonetes, o cassino ou, ainda, a piscina para os menos friorentos... Tirar todo esse pessoal de Santiago faz parte integrante da sua estratégia: ganhar o tempo e a distância necessários para compreender todo o alcance econômico, mas também político, do problema atual.

Adotando uma postura ligeiramente teatral, Orlando se coloca diante da assembleia conspiradora sentada ao redor de uma imponente mesa redonda: "Senhores, obrigado por terem aceitado esse convite e de respeitar a confidencialidade da existência dessa primeira mesa redonda. Para abrir esses poucos dias de trabalho, um buffet os espera, carnes, peixes, legumes e frutas à vontade, vinho e pisco também, mas, antes das festividades, eu gostaria de falar com vocês de... Leninismo". Ele marca uma pausa efêmera para suscitar o efeito esperado. Uma vaga de risos soltos vem logo depois da primeira surpresa. "Leve atraso", ele imagina, "o tempo para que a brincadeira chegue até seus cérebros". As bochechas pronunciadas de Orlando se inflam, suas narinas se dilatam, ele jubila com a ideia de ter conseguido captar as atenções tão facilmente: "De leninismo, sim, do leninismo, meus camaradas, pois devemos criar uma frente de classe face a Allende. Esse poder político irá tão longe quanto a relação de forças permitir. Nenhuma negociação é possível. Há duas opções: nos submetermos ou combatermos para expulsar esse cara de La Moneda. Ora, se selarmos uma aliança durável entre a Sofofa e a CPC (Confederação da Produção e do Comércio), nós ganharemos todos os setores intermediários, as profissões liberais e os diferentes *grêmios*, quer dizer, todos os grupos profissionais que contam neste país. A SNA pelos proprietários de terras, a Câmara Central de Comércio, a Câmara da Construção e dos Grandes Empreendedores, todos nós avançaremos unidos. O poder deve permanecer entre as nossas mãos. Uma batalha nos aguarda, e devemos ganhar as classes médias ideologicamente a ponto de fazê-las falar em nosso nome. A Democracia Cristã acabará por se voltar completamente para o nosso lado, os contatos já foram estabelecidos no mais alto nível, seu papel de pivô é precioso, eles nos ajudarão a pender a balança para o lado certo e no sentido da história, como sempre. Quando os banqueiros, os ricos proprietários e a aristocracia conservadora do Chile avançam juntos, nada resiste à sua classe. O Exército sempre acaba se unindo a esse campo. Em 1891, devido ao caos suscitado pelo seu programa de partilha, o presidente Balmaceda, para aqueles que se lembram, tinha sido destituído por meio de um levante militar iniciado aqui mesmo, em Valparaíso. Ele teve, pelo menos, a elegância de se suicidar...". Só essa ideia já parece embalar o auditório e provoca vivos aplausos que invadem toda a sala. *A priori*, o caso foi entendido.

21 DE SETEMBRO DE 1970, SHERATON HOTEL, SANTIAGO

Confortavelmente instalado em sua poltrona, um copo de whisky na mão, o agente de ligação da CIA, que se fez chamar Henry H., observa a cidade através da vista vertiginosa que a parede envidraçada do salão situado no último andar do hotel oferece. Ele não se cansa disso. Seus cúmplices chilenos, *blasés*, não compartilham a sua curiosidade, eles já estão habituados a não prestar mais a mínima atenção nesse cenário. Apertados em suas roupas de civis, os quatro militares não estão ali para aproveitar o panorama. Há um ex-general, Roberto Viaux, conhecido por suas posições abertamente fascistas, bem como o almirante aposentado Hugo Tirado. Os dois estão implicados no *putsch* militar fracassado de 21 de outubro de 1969 sob Eduardo Frei, o "Tacnazo", do nome do regimento Tacna que esteve na origem da sedição armada. Estão presentes, igualmente, Camilo Valenzuela, general no comando da guarnição de Santiago, e Vicente Huerta Celis, o general no comando dos Carabineiros.

> – *Agente Henry H.:* Como vocês sabem, o general Schneider é o principal obstáculo a uma iniciativa militar eficaz contra Allende e sua panelinha marxista. O que vocês propõem para neutralizá-lo?
> – *Roberto Viaux:* O executamos, e ponto final!
> – *Agente Henry H.:* Corremos o risco de que isso se volte contra nós. Melhor seria limitarmo-nos a sequestrá-lo e fazê-lo desaparecer durante um certo tempo, não?
> – *General Valenzuela:* Concordo, basta pegá-lo, não é difícil.
> – *Agente Henry H.:* Vocês receberão, por "via diplomática", 50 mil dólares em dinheiro, bem como as metralhadoras e granadas de gás lacrimogêneo. Contamos com vocês, e em alto escalão!
> – *Almirante Tirado:* Não se preocupe com nada, daqui uma semana ou duas Schneider terá desaparecido.

O agente Henry H. ergue seu copo. Todos brindam à vitória.

22 DE OUTUBRO DE 1970, MEIO DA MANHÃ, SANTIAGO

A sirene estridente de uma ambulância que avança em grande velocidade ecoa pelas ruas de Santiago. O general René Schneider é levado com urgência ao hospital. Oficiais golpistas, apoiados por civis, os militantes do grupo político armado de extrema direita Pátria e Liberdade, estimulados notadamente pelo advogado Pablo Rodriguez, acabam de tentar sequestrá-lo. O general puxou sua arma para se defender, seus agressores atiraram quatro vezes contra o seu peito.

O efeito esperado se volta contra os instigadores do atentado. A opinião pública indignada se alinha ainda mais a Salvador Allende, cuja eleição foi definitivamente ratificada pelo Parlamento chileno em 24 de outubro. O general René Schneider morreu no dia seguinte por causa dos ferimentos. O presidente socialista assumiu oficialmente as suas funções em 4 de novembro de 1970.

5 DE NOVEMBRO DE 1970, SALÃO OVAL, CASA BRANCA, WASHINGTON

Henry Kissinger se inclina sobre a mesa de centro para colocar um dossiê e se recompõe com dificuldade. Diante dele, Nixon está à mesa do seu escritório relendo um discurso:

> – *Kissinger:* Senhor presidente, temo que a eleição de Salvador Allende seja um dos maiores desafios que o nosso hemisfério já teve que enfrentar. Nós temos mais de 1 milhão de dólares de investimentos americanos alocados lá. Além disso, se ele conseguisse aplicar as medidas que prometeu, seu modelo poderia inspirar outros países. Na América Latina e mesmo fora dela, até na Europa. Na Itália, por exemplo. Isso abalaria o equilíbrio de forças no mundo e colocaria em perigo nosso poder global. Eu sei que os funcionários do Departamento de Estado recomendaram veementemente ao senhor que procure um *modus vivendi* com o governo Allende para não criar turbulências. Penso que essa opção constituiria um grave erro. É preciso impedir que essa experiência tenha êxito.

– *Nixon:* Eu compartilho do seu ponto de vista desde o início. Já amanhã eu reunirei o Conselho de Segurança Nacional para explicar que não podemos nos dar ao luxo de ver Allende consolidar sua posição e deixar se propagar pelo planeta a ideia de que podem nos desafiar dessa maneira. Será necessário derrubá-lo.

7 DE NOVEMBRO DE 1970, EMBAIXADA DOS ESTADOS UNIDOS, SANTIAGO

O senhor embaixador Edward Korry tamborila sua mesa com a ponta dos dedos como se ele tocasse algumas notas de piano, depois se inclina para trás na sua poltrona. Sobre a mesa, na frente dele, um dossiê está carimbado com uma advertência cujo sentido ele conhece perfeitamente: *"Eyes Only"*. Trata-se do relatório que Kissinger enviou à Nixon. Ele ajusta os óculos sobre o nariz e se demora, uma vez mais, em uma passagem crucial: "Plano de intervenção secreta (*covert action*) da CIA no Chile". O projeto é o seguinte: tentar dividir as forças que apoiam Allende; apoiar financeiramente os partidos e os jornais antimarxistas; ampliar o contato com os militares chilenos. Seus olhos, que de hábito são risonhos, piscam nervosamente. Dubitativo, ele se levanta com a ajuda dos braços da poltrona e caminha devaneando na direção da janela em arco abatido situada do outro lado do cômodo do seu escritório. Fora, a vida segue seu curso: os edifícios urbanos, a cidade turbulenta, o parque com vegetação luxuriante, o funicular, o rio, a cordilheira... "Então eles decidiram. Várias possibilidades ao mesmo tempo, que seja...", resolve ele. Conhecedor do funcionamento da administração interna, ele já decifrou o papel de cada um. A estratégia americana "moderada", a político-econômica, passará essencialmente pela sua embaixada. A estratégia "dura", a político-militar, será diretamente encarregada à CIA, que se ocupará dos contatos com os militares e os grupos armados fascistas como o Pátria e Liberdade. Ele não terá que tratar com estes últimos, já é um alívio. A mensagem foi recebida, alta e clara, ele sabe o que se espera dele. É inútil perder tempo.

Na sequência, o embaixador convoca sua equipe de colaboradores para informá-los confidencialmente. Cínico como sabe ser, ele anuncia, do seu modo, a sentença vinda de cima: "Aparentemente, Salvador Allende imaginou que a burguesia chilena estivesse disposta a se suicidar de alegria, deixando-o conduzir a sua política contra ela com toda a tranquilidade. Senhores, isso não acontecerá. Para torná-lo responsável por todos os males da Terra, devemos nos esforçar para condenar o Chile e os chilenos à pior das privações e à pobreza. A instrução é simples: "*the economic colapse*".

5 DE ABRIL DE 1971, SEDE DA *INTERNATIONAL TELEPHONE AND TELEGRAPH*, NOVA YORK

"Essas bobagens vão durar quanto tempo? Eles não querem que eu ofereça a outra face de uma vez?". Gancho do telefone encaixado entre a mandíbula e o ombro, Harold Geneen fala com as mãos, que fazem dançar seus óculos, um par fabricado sob medida e personalizado, sem bordas aparentes, a lente sendo a única maneira de atenuar a pilosidade indisciplinada das suas sobrancelhas grossas. Internamente, ele se enfurece. Seu interlocutor aproveita para falar pelos cotovelos, tentando amansá-lo, o que tem o dom de fazê-lo perder as estribeiras um pouco mais. Ele desfaz o nó de sua gravata como se esse gesto fosse ajudá-lo a ser mais bem compreendido: "Escute aqui, Broe, os problemas internos da Agência representam a menor das minhas preocupações. Faz meses que eu te aviso! Você é mole demais com ele. Para começar, a reforma agrária, agora a nacionalização do cobre anunciada para julho, e mais de noventa empresas que devem passar para a Área de Propriedade Social. E aí esse bosta fala agora em privatizar nossa filial no Chile. E quantas mais depois?". Uma voz chia alguma coisa inaudível no fone. Do outro lado da linha, alguém tenta encaixar uma frase. Geneen grita: "Tempo? Mas o tempo está contra nós. O resultado da sua tática é que o povo vai acabar por adulá-lo. Esse fim de semana, mais de 50% dos votos para a Unidade Popular nas eleições municipais! Não vamos isolá-lo assim. É preciso subir o tom. As campanhas de desmoralização na imprensa como o *El Mercurio* não bastam. É preciso dar carta branca para os nossos aliados do patronato chileno para desencadear uma forte pressão..." Seu argumento parece ter vingado. A discussão acaba por se acalmar. Ela se prolonga, mais calma, e um arranjo se desenha pouco a pouco.

2 DE DEZEMBRO DE 1971, SANTIAGO

Ao volante do seu Fiat 125 cinza, Orlando Saenz tenta ser discreto. Melhor se fundir na massa nesses últimos tempos e evitar, cuidadosamente, exibir qualquer sinal ostentatório de riqueza. Sobretudo desde que esse satanás barbudo desembarcou da sua ilha maldita com o único objetivo de derramar sua propaganda sobre todo o país como ele o faria a partir de uma praça de Havana. Isso já dura quase três semanas. E Allende estendendo o tapete vermelho para ele. O pesadelo, tantas vezes profetizado diante do público incrédulo, se realizava efetivamente: Castro e Allende de mãos dadas. Já faz mais de dez minutos agora que Orlando dirige devagar para abrir caminho em meio à multidão de pedestres que se amassam sobre as calçadas da cidade. Ele tomou partido. Desde cedo, nesta manhã, filas intermináveis se formavam em direção ao Estádio Nacional que se anuncia lotado para a ocasião da celebração do "Adeus de Fidel ao povo chileno". Em seguida, somente, ele decolará finalmente de volta para Cuba. "Boa viagem! Que ele volte para a sua colônia soviética caribenha!", ele resmunga ao mesmo tempo que um jovem com um traje excêntrico se aproxima do seu carro. Subitamente, como que enfeitiçado, eis que o energúmeno se põe a bater freneticamente sobre o capô gritando: "Fidel! Fidel!". Orlando lhe responde com um sorriso falso e o saúda com o punho erguido, sinal de reconhecimento revolucionário do dia, mas também o único código possível que lhe permite circular livremente. Seus lábios se entreabrem minimamente e deixam escapar um discreto "*Conio va!*". Depois, ao custo de inumeráveis zigue-zagues, ele consegue enfim extirpar-se da maré humana vermelha. O engarrafamento lhe deu tempo mais do que suficiente para admirar os muros: uma sucessão de afrescos, cada um mais lamentável que o outro. Crê-se que é um concurso no qual cada um rivaliza em imaginação para melhor se prostrar diante do intruso de Havana, com grandes reforços de saudações "fraternas" e outras dedicatórias "internacionalistas". Os piores são aqueles do MIR, a esquerda revolucionária. É bem simples, só a visão das suas cores vermelhas e pretas, sistematicamente, lhe dá urticária.

A rua estava inteiramente liberada agora , Orlando pode enfim pisar no acelerador. "Ri melhor quem ri por último", ladra ele em seu habitáculo, afastando-se correndo desse lugar maldito. É verdade que ele tem do que se alegrar, pois hoje mesmo, enquanto tudo o que o Chile conta de marxistas fará a sua precezinha revolucionária no estádio, uma reunião decisiva para o futuro do país vai acontecer na periferia da capital. A conclusão de um longo trabalho, que permitiu aos conspiradores consolidar sua frente de classe de uma vez por todas. De fato, neste 2 de dezembro, "a reunião de defesa do mundo privado", devidamente nomeada, deve oficializar a constituição de um poderoso bloco de oposição patronal, incluindo desta vez as pequenas e médias empresas, a Confederação do Comércio de Varejo bem como a de Artesanato. Foram igualmente anunciados Sergio de Castro ou, ainda, Emilio Sanfuentes, economistas promissores sob vários aspectos e que conhecem bem sua área: durante seus estudos na Universidade de Chicago, eles puderam frequentar seus mestres, Milton Friedman ou ainda o prestigioso Friedrich Hayek. O pequeno grupo que gravita em torno deles afirma ter elaborado o receituário radical que permitirá ao Chile sair do lamaçal no qual ele se encontra. No cardápio, um plano massivo de privatizações, que eles batizaram de "*El Ladrillo*", "O Tijolo". Um projeto que eles pretendem revelar em *avant-première* na ocasião desse encontro que marcará a história. Sem dúvida.

24 DE MARÇO DE 1972, 6º CONGRESSO DA ASSOCIAÇÃO DOS INDUSTRIAIS LATINO-AMERICANOS

Orlando Saenz se dirige ao púlpito colocado diante do público. Há várias semanas ele se multiplica. Assembleias gerais de acionistas e círculos patronais de todo tipo, não que ele seja um tribuno excepcional, ele tem consciência disso, mas, doravante, seu discurso funciona. Resumindo, o escutam. Ele agradece com um movimento da mão os aplausos que o acolhem e se lança: "o fato é que a cada seis anos, com uma regularidade quase matemática, uma mudança drástica de orientação política e econômica se impôs no Chile. Essa incerteza toda foi encorajada pela falta de realismo dos partidos políticos. No Chile, é uma solução autoritária que nos conduzirá para o caminho do progresso. O sistema social, político e econômico do passado não tem mais nenhuma validade para o futuro. Nós devemos substituí-lo, não repará-lo!". As três primeiras fileiras se levantam, depois a sala toda. Ele se concentra em conservar a aparência do líder que não se deixa levar tão facilmente, mas por dentro ele se exalta literalmente com a ideia de que a hora do combate finalmente se aproxima.

20 DE OUTUBRO DE 1972, EMBAIXADA DOS ESTADOS UNIDOS, SANTIAGO

O embaixador Edward Korry se delicia com a sua leitura: o jornal *El Mercurio* publicou a lista completa das organizações sociais e patronais que participam da greve geral contra Allende. A greve dos motoristas, iniciada no dia 10 deste mês pelo dirigente da Confederação dos Caminhoneiros, Léon Vilarin, tinha sido reforçada, como combinado, pelas diferentes corporações profissionais – os *Grêmios* –, mas também pelos estudantes da Universidade Católica, médicos, engenheiros, juristas, motoristas de ônibus, comerciantes e artesãos. A poderosa Confederação Industrial, a Sofofa, pela voz de Orlando Saenz, que víamos literalmente em toda parte nestes últimos tempos, pediu insistentemente aos industriais "para paralisar suas atividades de modo definitivo". Como um bônus, os partidos de oposição tiveram a excelente ideia de se unificarem para apoiar o movimento. A Democracia Cristã não esconde mais a sua vontade de derrubar Allende.

O momento tem algo de anedótico de tanto que a situação evolui confusamente desde então. Há um ano, a oposição retoma, um a um, todos os códigos do movimento operário e da esquerda, até mesmo inovando em certos domínios, como já demonstrou os cortejos de mulheres contra a vinda de Fidel Castro em dezembro ou ainda os "*panelaços*" das semanas seguintes, durante os quais o barulho de utensílios metálicos de todo tipo tornou-se o sinal de reunião de todos os antiallendistas. De resto, nada além do clássico: ocupações de faculdades de Direito por semanas e manifestação de mais de 100 mil comerciantes no final de agosto... Mas, daí em diante, com a mobilização geral, a contestação aumenta claramente mais um nível! "A rua é nossa e nós a vigiaremos", diverte-se Korry, virando as páginas do jornal. De fato, a frota americana patrulha neste exato momento as águas de Valparaíso, no contexto oportuno de um exercício anual realizado com a Marinha chilena, e tudo isso como previsto em um tratado de defesa militar de vários anos atrás. Não imagine coisas! Em todo caso, se as coisas derem errado, o Tio Sam não estará muito longe.

Aproveitando para saborear o momento, Edward Korry liga seu televisor no canal 13, a rede de oposição. Tudo estava perfeito na narrativa dos acontecimentos, o país parece estar completamente parado, e os testemunhos dos populares interrogados na rua são repetidos sem parar para pedir, em uníssono, a cabeça de Allende. Por outro lado, o clima não era o mesmo no canal 7, a rede pública, dirigida pelo braço direito de Allende, Augusto Olivares. Os manifestantes se exprimiam igualmente, claro, mas o quadro da situação ali descrito parecia muito mais contrastante. Ao ver uma matéria dedicada aos movimentos de solidariedade que atravessam o país, um mau pressentimento de repente invadiu Korry. Se acreditarmos no repórter, transportes alternativos brotam um pouco por toda parte para permitir que os operários possam chegar ao trabalho e comissões de reabastecimento se improvisam em inúmeros lugares, os JAP – comitês populares de controle de reabastecimento e dos preços. Em outros pontos da cidade, milhares de estudantes se ativam no trabalho voluntário, para carregar e descarregar caminhões improvisados, permitindo, por exemplo, o fornecimento de 200 toneladas de leite em pó do porto de Valparaíso até Santiago. O jornalista evoca até mesmo a integração ao domínio de Área de Propriedade Social de mais de 70 fábricas suplementares, sob a pressão da ocupação dos lugares pelos assalariados descontentes. Korry faz um cálculo rápido: "Isso já é demais! As 230 empresas nacionalizadas em lugar de 96 inicialmente previstas no programa de Allende quando se elegeu...". Segundo as palavras do correspondente, a atividade das fábricas é colocada, por vezes, sob o controle direto dos funcionários, ou é gerida inteiramente por eles, nos setores têxtil, da siderurgia, eletrônicos ou ainda das montadoras de automóveis. E isso de Concepción até Valparaíso, e de Arica, no norte, até Punta Arenas, no sul. Na série de más notícias, sabe-se que as assembleias de trabalhadores, os cordões industriais, têm a tendência de se desenvolver no território com o objetivo de confrontar o caos da situação ao ponto de reunir várias dezenas de milhares de trabalhadores. Korry, mesmo recebendo essas informações em primeira mão certificando-o de que o patronato chileno superestimava o poder real dos seus pretensos "cordões da morte" – para retomar a expressão deles – ficava bastante contrariado com tudo isso. Não que ele levasse a sério as fantasias da extrema esquerda de ver centenas de sovietes em miniatura andinos tomarem o poder: ele conhecia os problemas políticos desses grupos divididos entre a lealdade a Allende e a sua aspiração por mudanças imediatas em favor dos trabalhadores. O que o preocupava era que algumas dezenas desses cordões fossem realmente estruturados, em particular na periferia de Santiago, nos bastiões de Maipú-Cerrillos ou em Vicuña Mackenna, por exemplo. Trata-se, pois, de ficar atento. Ainda mais porque contavam-se também dezenas de comandos de *poblaciones*, locais de agitações incontroláveis nas favelas, aos quais se juntam por fim "comandos comunais" pensados para centralizar toda essa atividade. Tal era, em todo caso, a última descoberta do MIR, notadamente. O MIR que era mais uma vez assunto na reportagem: "O MIR, uma organização que...".

"Tá bom, a gente sabe quem é!", protesta subitamente Korry, de hábito, no entanto, pouco inclinado a se deixar levar pela emoção. Consciente do seu mau humor, ele prefere desligar a TV. Alguma coisa não está boa, de fato. As terras ocupadas ilegalmente pelos camponeses nestes últimos meses, as greves por salário e as nacionalizações desde setembro: está fora de questão que este slogan "*poder popular*", que o tinha feito sorrir no início, se encarne, mesmo que minimamente. Era uma beleza asfixiar o país privando-o de crédito, dobrando, assim, a inflação. Mas ainda é preciso garantir que a cólera popular siga pelo bom caminho, quer dizer, se volte para a direita e não para a esquerda. "Que eles não achem que outubro de 1972 será o seu outubro de 1917! Não está nem perto de acontecer...", prossegue ele em um solilóquio, bem contente por não ter que suportar nenhuma contradição.

7 DE FEVEREIRO, SALÃO OVAL, CASA BRANCA, WASHINGTON

Nixon está com cara de poucos amigos. Ele não precisava disso. No sofá, as manchetes dos jornais dispostas sob seus olhos despertaram nele uma cólera profunda. A imprensa fala de um negócio obscuro, a implementação da comissão senatorial sobre hipotéticas relações entre a Casa Branca e cinco arrombadores surpreendidos e presos alguns meses antes no prédio Watergate, QG do Partido Democrata, com material de escuta em sua posse. "Que bando de corpo mole esses aí!". Seu processo começou em janeiro. Desde então, só a menção ao *Washington Post* provoca enjoo em Nixon. "Esses aí... Se eles pensam que podem me afundar!". Não era absolutamente o melhor momento para receber essa pancada de Santiago. Incomodado, ele aperta nervosamente o botão do interfone sobre sua mesa. "Chamem Kissinger!". Alguns segundos mais tarde, seu conselheiro está na linha. Sem cumprimentos particulares, Nixon expõe o motivo da sua fúria.

> – *Nixon:* Duzentos milhões pra isso! Teve o golpe da greve geral de novembro que morreu na praia, eu não disse nada. Que seja! Eu estava em plena campanha presidencial pela reeleição. Mas qual é o jogo desses militares que entraram no governo Allende? E esse filho da p... que diz amém para a base operária nacionalizando todo dia uma nova empresa. Isso deve acabar já!
>
> – *Kissinger:* Senhor presidente, eu compartilho da sua impaciência, você sabe, mas a situação está sob controle, apesar das aparências. A oposição está unida como nunca, e em março, nas eleições parlamentares que se aproximam,

cercar e depois invadir o Palácio de La Moneda. Uma vez Allende preso...

– *Pablo Rodriguez o interrompe imediatamente:* Por que prendê-lo? É preciso executar esse traidor da pátria!

– *Roberto Souper:* Que seja, mas nesse caso, se nós conseguíssemos, será necessário consolidar e garantir rapidamente nosso poder.

– *Pablo Rodriguez:* Claro, isso nem se discute. Nosso modelo é Jacarta! Não é por falta de colocar as cartas na mesa e de escrever este lema em todos os muros de Santiago. Em 1965, lá, quando o Exército indonésio tomou o poder, liquidou meio milhão de vermelhos em algumas semanas. Foi a solução definitiva: um dos maiores partidos comunistas do mundo apagado da face da Terra, desse jeito, num estalar de dedos.

Ele reforça seu propósito com um gesto, mas nenhum som sai da palma da sua mão. Um pouco contrariado, ele prossegue:

– *Pablo Rodriguez:* É o que faremos no Chile! Eliminá-los de uma vez por todas! Os discursos não servem para nada!

– *Roberto Souper:* Muito bem, então comecemos por tomar La Moneda... Dispomos de 80 homens, de seis carros e de 16 outros veículos blindados. Isso vai resolver e desencadear tudo. Amanhã, a partir das nove horas, nós avançaremos sobre o centro e depois iremos desalojar Allende, esperando realmente que os outros contingentes nos sigam...

29 DE JUNHO DE 1973, EMBAIXADA DO EQUADOR, SANTIAGO

No início, os dois guardas da entrada se assustaram ao ver um grupo de homens apavorados correr em sua direção. Os homens se sentiam realmente perseguidos e se podia supor que alguns deles estivessem armados. Depois as confabulações começam. O chefe do grupo, um certo Pablo Rodriguez, gesticula para todos os lados. Com o pouco fôlego, ele reclama exílio para si e os seus junto ao regime "amigo" de Guillermo Rodriguez Lara. Heróicos, porém temerários, os principais dirigentes da organização Pátria e Liberdade elaboraram uma solução de reserva junto à Embaixada no caso das coisas não se passarem como o previsto e o levante do Exército fracassar. E o mínimo que se pode dizer é que fracassou. Que debandada! De manhã, Salvador Allende, que se encontrava em sua residência presidencial na rua Tomás Moro, só teve que dar uma simples declaração para o rádio para desmantelar a ofensiva. Os operários tinham, em grande número, investido e ocupado seus postos de trabalho, várias centenas tinham até mesmo vindo para a frente do palácio presidencial para apoiar os soldados que permaneceram fiéis à democracia. O comandante do Exército, sucessor desde 1970 do defunto René Schneider, o general Carlos Prats, tinha imediatamente denunciado o golpe, recebendo o apoio de outros oficiais, entre os quais um certo Augusto Pinochet. Os outros chefes militares não se moveram, julgando a ação prematura e mal preparada. O que não os impediu de localizar os oficiais e os soldados legalistas, bem como os redutos potenciais de resistência armada nas praças-fortes do mundo operário. Tudo isso com o intuito de, no futuro, melhor neutralizá-los.

4 DE JULHO DE 1973, SANTIAGO

Um rico transeunte se aproxima de um quiosque. Na primeira página do *La Tribuna*, o jornal do Partido Nacional, uma manchete atrai o seu olhar: "Que aquele que tem uma das mãos livres amarre Allende com seus cordões!". Ele compra o jornal na hora. Nos salões da cidade, o rumor não esgota o tema da "ditadura popular do MIR" e dos "cordões industriais". O espectro de um exército paralelo assombra as discussões mundanas. A contrarrevolução saltita de impaciência.

20 DE AGOSTO DE 1973, ACADEMIA DE GUERRA DAS FACH (FORÇAS ARMADAS DO CHILE), SANTIAGO

Jaime, um jovem oficial que está de guarda nesta noite, quer tirar as coisas a limpo. Barulhos incomuns vindos da sala de reunião no final do corredor o intrigam. Ele avança com passos lentos: murmúrios e um burburinho contínuo rumorejam pelo batente da porta quase fechada. Ele se aproxima de novo para aguçar o ouvido, e distingue sussurros quase inaudíveis. Quem poderia se reunir em uma hora tão tardia? Ele passa furtivamente a cabeça pela porta entreaberta. Inacreditável. Vários oficiais, coronéis e uma dezena de generais estão em reunião ao redor de uma mesa e, manifestamente, elaboram um plano. Discretamente, ele ensaia um leve movimento para tentar identificar o objeto da discussão que está espalhado sobre a mesa: um mapa de Santiago no qual aparece o palácio presidencial de La Moneda, rodeado de um círculo vermelho desenhado com marca-texto, com diferentes aviões em miniatura dispostos em volta. A voz de quem dá as instruções finalmente fica perceptível: "Nós temos sinal verde, o novo comandante está Ok. Até lá, nem uma palavra. Sabemos que os vermelhos estão por toda parte, mesmo entre as nossas fileiras!". Jaime sente um fio de suor descer pela sua coluna vertebral. Rezando para não ter sido notado, ele se vai na ponta dos pés, cruzando os dedos para que ninguém o intercepte. No final do corredor, ele desce as escadas e sai para o pátio, onde respira profundamente tentando manter a calma. Sua decisão está tomada, amanhã mesmo, com outros oficiais legalistas, ele irá diretamente alertar a Presidência sobre o perigo iminente que a ameaça.

4 DE SETEMBRO DE 1973, SANTIAGO

Orlando Saenz folheia as páginas "Entrevistas" do *El Mercurio*. Sua satisfação não se esconde. Jorge Fontaine toma finalmente posição publicamente em nome da Confederação da Produção e do Comércio: "Eu estou convencido de que as Forças Armadas têm total conhecimento dos problemas políticos, econômicos e sociais que assolam o país. Estou convencido de que os civis poderiam reforçar os quadros técnicos e administrativos exigidos pela ação comum dos militares e dos civis." Ufa, já era tempo. A aliança militar e social estava, assim, publicamente selada. Eis uma notícia que tem como inverter seu mau humor apagando rapidamente a lembrança desse dia cheio de contrariedades. Com efeito, desde o amanhecer, os partidários de Allende lotam as ruas para festejar os mil dias da eleição da Unidade Popular, eles são quase 1 milhão marchando nas ruas. Até parece que Orlando tem o dom de cruzar com os vermelhos toda hora em seu caminho.

Pela janela ele ouve o hino "*El pueblo unido jamas sera vencido*", entoado em alto volume por milhares de pessoas, notadamente pelas tropas da CUT, a Central Única dos Trabalhadores, uma das centrais sindicais mais poderosas da América do Sul, politizada até demais para o seu gosto. Ele não suporta mais as organizações operárias quaisquer que sejam, e ainda menos esse canto. Os cortejos do MIR recaem como sempre no exagero: "*El pueblo armado jamas sera aplastado…*". O povo armado? Até parece! Esse partido atraía para si cada vez mais simpatizantes por razões que lhe escapam. Seu dirigente, Miguel Enriquez, havia até mesmo lotado o Teatro Caupolican em 17 de julho último, amealhando uma multidão com o tema do poder popular e do armamento dos comitês de base.

Ainda bem que, sobre esse assunto, os militares já descobriram um jeito de revidar. A astúcia consistiu em distorcer com conhecimento de causa a lei que o governo Allende tinha ele próprio promulgado em 20 de outubro de 1972, em plena greve geral contra a sua política. O fim original da medida era, claro, principalmente lutar contra os grupos golpistas. Mas, há algumas semanas, o Exército perquiria "em nome da lei" as fábricas e os *barrios* para desmantelar os estoques de armas. Desde então, todo mundo se perguntava em voz alta: qual é o jogo do Exército? O "Tancazo" de 29 de junho foi um ato desesperado ou um ensaio geral?[3] Quanto à situação política, neste início de mês de setembro, ela é, muito simplesmente, inextrincável. As tensões acumuladas, as greves… As manifestações, de um lado, e os atentados, de outro, colocam o poder entre a cruz e a espada e apertam o nó

3. N. de E.: Foi uma tentativa fracassada de golpe de Estado no Chile, liderada pelo tenente-coronel Roberto Souper, do 2º Regimento Blindado.

da corda no pescoço da União Popular. Um desenlace brutal tornou-se inelutável. *El Mercurio* repetia isso em todas as páginas. Além do mais, Orlando sabia que um outro elemento essencial agia finalmente a seu favor: eles finalmente conseguiram a cabeça de Prats, constrangido a pedir demissão em 23 de agosto sob pressão dos militares. No dia 25, Augusto Pinochet tomou o seu lugar. Um personagem insondável esse Pinochet. No entanto, algumas de suas relações lhe asseguram em privado que, chegado o momento, ele saberá dar um apoio deveras apreciável.

5 DE SETEMBRO DE 1973, EM ALGUM LUGAR DE SANTIAGO

Vestido com sua tradicional farda militar, Augusto Pinochet se põe ereto com um I, os braços cruzados como lhe acontece de fazer. Rosto impassível, olhar impenetrável, coloca seu quepe sobre o braço da poltrona situado à sua direita: "Podem falar". Diante dele, os dois principais militares que preparam, ele sabe perfeitamente, um golpe de Estado iminente. Primeiramente, o general Gustavo Leigh. Sorriso altivo, testa alta, ele espana com a mão, sem parar, por reflexo, sua novíssima roupa de comandante das forças aéreas. Allende, na verdade, o nomeou para esse posto em 17 de agosto último. "Decididamente Allende perdeu seu faro legendário", diz Pinochet sem mostrar qualquer emoção. Está igualmente presente o almirante Toribio Merino, com seu terno completo de caimento impecável, seus óculos discretos, seu bigode bem penteado e seu ar esnobe. Pinochet não tem uma opinião definida sobre os dois homens. Sabe apenas que não é do mesmo mundo. Eles tiveram o privilégio de passar pelos Estados Unidos durante as suas carreiras, enquanto ele fez o essencial da sua formação no Chile. No fundo, eles se conhecem sem se conhecer. Os dois graduados, de sua parte, devem se perguntar por vezes em qual campo Pinochet realmente joga, ele que se içou ao cume do Estado-Maior ganhando a confiança de Prats e de Allende. Ele que até mesmo desempenhou a função de acompanhante de Fidel Castro em 1971 durante a visita ao Chile. Qual era a sua parte de ambição pessoal nesse projeto? Em todo caso, seus amigos comuns são enfáticos sobre o fato de que ele é claramente um dos seus. Hoje, a História os colocava todos contra a parede.

> – *Toribio Merino:* Meu general, as Forças Armadas estão dispostas a tomar o poder e a pôr fim ao câncer marxista do regime de Salvador Allende. Nos falta apenas o seu apoio.
> – *Augusto Pinochet:* Vocês têm certeza de que os generais seguirão um levante? Eu não tenho nenhuma vontade de participar de um "Tancazo".
> – *Gustavo Leigh:* As Forças Armadas só esperam por um sinal de sua parte, meu general.
> – *Augusto Pinochet:* E se Carlos Prats tentar mobilizar suas tropas?
> – *Toribio Merino:* Não se preocupe, ele está totalmente isolado.
> – *Augusto Pinochet:* Suas fontes são confiáveis?
> – *Toribio Merino:* Absolutamente confiáveis, meu general, e confirmadas por todos.
> – *Augusto Pinochet, depois de alguns instantes de reflexão:* Muito bem, é chegada a hora de cortar na carne de fato, eu concordo, mas com uma condição…
> – *Gustavo Leigh:* Qual?

Pinochet pega seu quepe e o aperta na cabeça para significar que ele se prepara para partir e que seu pedido não pode ser contestado:

> – *Augusto Pinochet:* Vocês sabem, pelo costume, o Exército tem prioridade sobre as armas. O chefe da junta militar serei eu!

Breve hesitação dos dois conspiradores que se consultam com o olhar:

> – *Toribio Merino:* Está decidido, meu general.

Com um bater de botas, os três se cumprimentam mutuamente em posição de sentido.

ÀS VÉSPERAS DO GOLPE DE ESTADO

SÁBADO, 8 DE SETEMBRO DE 1973

Uma transmissão telegráfica enviada da estação chilena da CIA informa à Casa Branca sobre a preparação iminente de um golpe de Estado no Chile.

No mesmo dia, uma nota interna à embaixada cubana de Santiago incita todos os funcionários a se manterem mobilizados durante os próximos dias devido aos movimentos suspeitos no interior do Exército chileno.

SÁBADO, 8 DE SETEMBRO DE 1973, CASA EL CANAVERAL, SUBÚRBIO DE SANTIAGO

Ela esboça um sorriso, mas adivinha-se facilmente que seu movimento de lábios é forçado. Cabelos castanhos penteados para trás e ajustados por um coque cuidadosamente improvisado, camisa e calças brancas, Beatriz Allende varre com seus grandes e belos olhos amendoados a pequena multidão que espera que ela aja. Ela prende a respiração, depois assopra de uma só vez as 31 velas sobre o bolo apetitoso que seus amigos acabam de trazer da cozinha, um folhado com cobertura ao leite. "Feliz aniversário, Tati!". A moça aplaude e agradece seus convivas. Cada um dá a entender que a festa chegou ao seu auge, mas, aparentemente, o coração não está ali. Nós estamos no El Canaveral, a "segunda casa presidencial", como ele diz, Tomas Toro sendo a outra residência, oficial, aquela da semana, onde vive Hortensia, a mãe de Beatriz. El Canaveral é aquela do final de semana, aquela onde igualmente seu pai encontra Miria, La Payita, chefe de gabinete presidencial que é também sua amante. Beatriz sabe. La Payita e ela se estimam e compartilham uma grande cumplicidade, uma conivência de mulheres. Aqui, o que ela aprecia acima de tudo é a atmosfera de férias que reina naturalmente. Talvez por causa desse parque acolhedor e tranquilizador que circunda a casa e que se estende até o rio Mapocho, com seu ruído regular, pesado e misterioso. Hoje, ela adoraria abandonar esse cenário mesmo que só por alguns instantes, mas ela não consegue. Para dizer a verdade, ela nem tenta.

Sob a grande tenda do jardim, violões tentam desesperadamente alegrar os convidados à mesa, alguns grupos, por fim, cantam. As crianças correm para todos os lados. Seu marido, Luis, vem beijá-la e lhe sussurrar uma palavra carinhosa. Luis é cubano e trabalha para a embaixada de seu país em Santiago. As notícias que chegam há algumas horas são particularmente alarmantes.

Salvador Allende se junta ao casal e enlaça sua filha. Ele a abraça intensamente até ela não conseguir mais conter um delicado fio de lágrimas que desce pela sua face. Entre eles reina uma união fusional. Além de sua filha, ela também é sua conselheira, nomeada desde sua eleição para o La Moneda. Ela o acompanha por toda parte. Suas discussões políticas são com frequência animadas e pitorescas. Salvador gosta muito de cutucá-la sobre as suas posições "revolucionárias" sem nunca, no entanto, omitir-se de procurar saber a sua opinião. É também através dela que ele mantém uma relação política regular e fraternal com o MIR, em particular com seu dirigente Miguel Enriquez. Beatriz observa com afeição seu pai. Em seu terno caro – seu pecadilho —, atrás dos óculos e de seu bigode, ele causa boa impressão, mas ela, que o conhece melhor do que ninguém, lê sob suas expressões uma cara exausta e terrivelmente preocupada. Nestes últimos tempos ele só dorme três horas por noite e trabalha sem parar.

> – *Beatriz Allende:* Você está com uma cara preocupada. Algo em particular não está bem?
>
> – *Salvador Allende:* Prats acaba de me informar que aquilo que nós temíamos vai acontecer muito em breve, em cinco dias provavelmente, no dia 14. Os golpistas esperam se

aproveitar da preparação da festa nacional do dia 18 para que as manobras realizadas pelas tropas na rua não nos alertem... Pelo menos no início. Eu acho que é preciso pegá-los de jeito, mas politicamente. Pretendo anunciar um referendo sobre a minha eventual destituição. É arriscado, mas é o único meio de evitar a guerra civil.

– *Beatriz Allende:* Ouça, eu conheço o seu ponto de vista, evidentemente, e sem lhe pedir para renunciar à sua estratégia, será necessário, mesmo assim, que falemos sobre a questão das armas. Estamos em uma encruzilhada e corremos o risco de uma catástrofe. Nós não resolveremos isso de uma vez, no fundo você sabe...

– *Salvador Allende:* Não teremos esse debate pela enésima vez, você sabe qual é a minha posição sobre o assunto, ela não mudou, eu evitarei por todos os meios um conflito fratricida. O Chile não será uma repetição da guerra da Espanha de 1936, e depois Pinochet está conosco. Prats acaba de me certificar disso mais uma vez.

O rosto de Beatriz se ensombra um pouco mais. Inútil insistir, ela não insiste no braço de ferro político habitual, mesmo se a vontade de fazê-lo a devora.

DOMINGO, 9 DE SETEMBRO DE 1973, RESIDÊNCIA PRESIDENCIAL TOMÁS MORO, SANTIAGO.

Augusto Pinochet se apresenta, como combinado, na porta da residência. Seguranças armados o escoltam até o escritório de Allende. Ele os segue impassível, engolindo seu desgosto por aqueles que ele considera sobretudo como guerrilheiros grotescos com falso ar de Che Guevara. "Quanto a Allende e suas convocações dominicais, ele não terá que aguentar por muito mais tempo!", regozija-se secretamente quando o fazem entrar na sala de trabalho do presidente, que acolhe a sua chegada sem se levantar.

– *Allende:* Ouço todos os dias rumores de golpe de Estado. No final de agosto, até mesmo fui alertado por um jovem oficial que tramavam um complô contra mim na Aeronáutica, mas eu me recusei a acreditar. Hoje, parece que o perigo se tornou muito sério. O que você pensa disso tudo?

– *Pinochet:* Senhor presidente, você pode confiar na tradição constitucionalista das Forças Armadas chilenas. Eu confirmo que uma contestação interna sacode o Exército, mas nós a conteremos. No que me concerne, você tem a minha palavra de honra de militar que eu defenderei a Constituição contra toda tentativa desse gênero.

– *Allende:* Confio em você, mas a crise se agrava a cada dia. E resolvi também convocar um plebiscito para deixar o povo decidir se continuo ou não a exercer a Presidência.

Pinochet, abalado, mal contém a sua estupefação. Suas bochechas enrubescem levemente, mas por sorte Allende não percebe:

– *Pinochet:* Uma decisão muito honorável, senhor presidente. E pode-se saber quando você pretende anunciá-la?

– *Allende:* Amanhã, 10 de setembro.

Pinochet o cumprimenta, dá meia-volta e retorna subitamente pelo mesmo caminho por onde entrou. Surpreendendo--se consigo mesmo por esse tanto de audácia e de reatividade, ele ousa, com uma voz neutra:

– *Pinochet:* Posso lhe sugerir uma coisa?

– *Allende:* Pode..

– *Pinochet:* Deixe passar o dia de amanhã para que a oposição não se sinta encurralada, e remarque a sua declaração para o dia 11...

– *Allende:* No fim das contas, por que não? Muito bem, ficará para terça-feira, então.

DOMINGO, 9 DE SETEMBRO DE 1973, FIM DE TARDE, SALÃO DA CASA DE AUGUSTO PINOCHET, SANTIAGO

Leigh e Toribio Merino acabam de se sentar no sofá. Pinochet, sorriso malicioso, saboreia a sua habilidade política.

– *Pinochet:* Eu jurei fidelidade a esse miserável, e ele acreditou!
– *Leigh:* Bravo, meu general! A pátria vem antes de tudo. É preciso, por vezes, saber manobrar.
– *Pinochet:* Mas temos um grande problema que nos obriga a avançar com nosso plano: ele prepara uma saída para a crise com um plebiscito sobre a Presidência, que será anunciado terça-feira durante o dia. É preciso impedi-lo.
– *Toribio Merino:* Por quê? Ele vai perder no plebiscito!
– *Pinochet:* É inútil tentar o diabo. Nunca se sabe, as reações dos eleitores são imprevisíveis. Lembrem-se do sucesso da Unidade Popular nas eleições locais. Ademais, mesmo que ele fracasse no plebiscito e que ele renuncie, teremos perdido a oportunidade histórica de nós mesmos tomarmos o poder diretamente e de recolocar nosso país em ordem, limpando-o de uma vez por todas da canalha vermelha.
– *Leigh:* É justo! Precisamos então planejar nossa intervenção para o 11 de setembro de manhã, já no amanhecer. Não há um minuto a perder: vamos acionar o plano.

SEGUNDA-FEIRA, 10 DE SETEMBRO DE 1973, À NOITE, AVENIDA DAS RAMBLAS, BARCELONA

Agustin Edwards não consegue ficar parado em seu quarto de hotel. Anda em círculos como um leão enjaulado. Amanhã haverá um jantar ao qual ele não pode faltar, uma reunião da direção da sociedade PepsiCo da qual ele é acionista. Essa viagem de negócios cai no pior momento, pois, *a priori*, tudo deve se decidir no Chile em algumas horas. Ele olha o relógio, com a diferença de fuso horário, deve ser por volta das dezoito horas em Santiago. Na penumbra do seu quarto, ele entra em contato com recepção e pede para ligar para um número internacional. Depois de ter esperado por longos minutos, seu interlocutor lhe respondeu finalmente. "Merino, meu amigo, então, está tudo em ordem?". Manifestamente, a resposta provoca nele um vertiginoso alívio, as marcas no seu rosto se aliviam: "Ao amanhecer de amanhã? Perfeito, saiba que nós estamos realmente e de todo o coração com vocês!".

O GOLPE DE ESTADO E OS COMBATES EM LA MONEDA

SEGUNDA-FEIRA, 10 DE SETEMBRO, 21 HORAS, RESIDÊNCIA PRESIDENCIAL TOMÁS MORO, SANTIAGO

Augusto Olivares ajusta os óculos no nariz para ler sobre os ombros de Salvador Allende. Conselheiro político muito ouvido pelo presidente, o observa discretamente dar os últimos retoques no discurso que deve pronunciar amanhã sobre o referendo previsto para tirar o país da crise.

> –*Augusto Olivares:* Perfeito, inútil acrescentar mais alguma coisa. É preciso, talvez, insistir no fato de que, nesta tarde, a Unidade Popular deu unanimemente seu sinal verde, incluindo o Partido Comunista.

Salvador Allende se volta para seu amigo. Os dois se conhecem há mais de quinze anos. Batalhas internas conduzidas no seio do Partido Socialista até a campanha vitoriosa de 1970, ele aprendeu a conhecer o valor das recomendações de seu precioso cúmplice. Apesar da carga de trabalho que recai sobre ele enquanto jornalista e dirigente do canal 7, Augusto Olivares nunca esqueceu seu papel político. Há vários meses, por exemplo, ele insiste sobre o perigo de uma deposição armada, apoiada pelos Estados Unidos, cuja comunicação ele disseca cuidadosamente. É preciso dizer que ele é um dos raros no círculo presidencial a falar inglês. Salvador Allende bate amigavelmente em seu ombro.

– *Allende:* Muito bem, nesse caso paramos por aqui. Está tarde, o melhor é todos nós dormirmos aqui esta noite para partir o mais cedo possível amanhã para La Moneda, se você estiver de acordo.

– *Augusto Olivares:* Sem problema. Mas tente dormir um pouco, *Doctor,*[1] você parece uma múmia. Você corre o risco de assustar o país todo com essa cara amanhã na TV. Você terá perdido a eleição antes mesmo de abrir a boca!

– *Allende:* Sua mansidão me emociona, e eu terei esse mesmo gênero de elogios para lhe fazer também, não duvide, mas falta tempo... E dizer que ainda há quem diga que nos parecemos fisicamente. O bigode e os óculos, a rigor sim, mas para a elegância, você deve entrar na fila de novo!

Os dois sorriem por causa das suas cutucadas recíprocas, mas apenas com o olhar, o resto não acompanha, e não tem como acompanhar, a gravidade do momento político refreou a alegria natural já há algum tempo. Cada um aprendeu a viver com esse fardo. Um de cada vez, eles se abraçam antes de se desejarem boa noite. A partir da meia-noite as luzes das janelas da residência Tomás Moro se apagam, uma depois da outra. A do escritório de Salvador Allende permanece acesa até tarde da noite.

11 DE SETEMBRO DE 1973, CASA DE BEATRIZ ALLENDE E DE LUIS FERNÁNDEZ OÑA, SANTIAGO.

Neste início de semana, Beatriz Allende, “Tati”, decidiu, com Luis, reservar um pouco de seu tempo para dedicá-lo à sua filha, a pequena Maya. Em breve terá dois anos, tudo passa muito rápido. Em algumas semanas a Mayita terá um irmão ou uma irmã, o ventre de Beatriz está bem redondo, o parto está previsto para novembro. Fora Maya, que, como sempre, caiu imediatamente no sono, a casa Allende-Fernández teve dificuldade para

1. É o título respeitoso e ao mesmo tempo amigável que os camaradas de Salvador Allende lhe davam.

adormecer ontem à noite. As discussões políticas e as especulações sobre o futuro se desenrolaram sem fim entre o casal, e isso até de manhãzinha.

A noite terá sido então de curta duração, porque às seis horas o telefone rasga o silêncio do lar. Luis acorda sobressaltado para atender. É a embaixada cubana, onde ele trabalha. Do outro lado da linha, um homem articula por duas vezes a frase misteriosa: "a embaixada está fechada com cadeado". Luis desliga na hora, com ar grave. Trata-se de um código para dizer que um golpe militar começou. Tati já está ao seu lado, ela entendeu. Não é o primeiro alerta desse tipo, mas hoje esse anúncio lhes fez imediatamente pressentir o pior. Ela pega sua agenda e telefona para vários contatos que trabalham nos serviços de informação do governo. Todos confirmam. Desde as 4h45, Valparaíso não responde mais, e parece que a Marinha se sublevou.

> – *Beatriz Allende:* Estou saindo para levar Mayita para um lugar seguro, corra até a embaixada, eu irei até La Moneda. Eu sei que meu pai vai me amaldiçoar ao me ver, mas meu lugar é lá.

11 DE SETEMBRO DE 1973, SEIS HORAS DA MANHÃ, RESIDÊNCIA TOMÁS MORO

Hugo assume seu serviço na residência. Ele mal acabou de começar sua ronda quando, ao marcar 6h15, o telefone toca: "Aqui é Urrutia. Avise o presidente que um *golpe* acaba de começar em Valparaíso." Imediatamente, o homem se põe a caminho em direção aos quartos, tentando assimilar a terrível notícia. Ele nem bateu na porta, e Allende, já acordado como de costume, se antecipa: "O que está acontecendo?".

O tempo para então por alguns instantes nos apartamentos de Salvador Allende enquanto este se veste em silêncio. Mesmo neste dia, ele vê como uma questão de honra se vestir elegantemente, como sempre fazia. Estava fora de questão dar uma imagem degradada dele mesmo aos seus adversários, sobretudo em tais circunstâncias. "Revidar o mais depressa sem entrar em pânico!", tal é a recomendação que ele se prepara mecanicamente para dar terminando de se vestir, colocando sua blusa de gola alta, depois seu blazer. O sangue-frio é uma arma política por si só. Sem precipitação excessiva, ele se posiciona em seu escritório. Depois de ter tentado, em vão, entrar em contato com os mais altos graus do Estado-Maior militar, entre os quais o general Pinochet, ele resolve telefonar aos generais amigos para tomar conhecimento da situação exata.

– *Allende:* General Prats?

– *Prats:* Eu mesmo.

– *Allende:* Você está a par, obviamente, mas, para você, em que pé isso está exatamente? Parece que Toribio Merino sublevou a Marinha em Valparaíso. Seria ainda ação de alguns alucinados, como foi o caso com o Tancazo em junho?

– *Prats:* Eu espero que sim, sinceramente, mas não tenho informações em primeira mão pois estou, em grande medida, sob a mira, você sabe, caro amigo.

– *Allende:* E o general Pinochet, o que diz? Há menos de dois dias ele me confirmou solenemente a sua lealdade e a do Exército, jurando pela sua honra de militar. Eu espero que ele honrará a sua palavra. Prats, tente falar com ele, também. E avisemos um ao outro.

– *Prats:* Farei isso imediatamente, senhor presidente.

Inquieto, mas reprimindo seus temores tanto quanto possível, Allende compreende que é preciso, a partir de agora, agir rápido. Ele chama Hugo para que ele mobilize os camaradas do GAP. O GAP, sua guarda pessoal, o famoso "Grupo de Amigos Pessoais" com a reputação problemática que já deu o que falar. Esse era, com efeito, o nome que ele havia espontaneamente encontrado respondendo, no início de seu mandato, aos questionamentos lancinantes de um jornalista que se espantava que sua proteção não fosse garantida por policiais ou militares. "Quem são essas pessoas armadas ao meu redor? Amigos pessoais!", retrucou ele, achando graça e plenamente consciente da polêmica que iria se seguir inexoravelmente nas fileiras da oposição. E com razão, a maioria dos seus "protetores" eram membros do MIR na época. O GAP é, desde então, composto por uma cinquentena de militantes do Partido Socialista, tendo passado por um treinamento militar e pronta para dar a sua vida pela do presidente. Muitos são "guevaristas", pertencendo à filial chilena do ELN – Exército de Libertação Nacional – fundado por Che Guevara; alguns até mesmo combateram na Bolívia na guerrilha dos irmãos Peredo. [2]Salvador Allende lhes vota uma admiração profunda, já o faria só por sua coragem e sua abnegação. A direita chilena realmente não compartilha o entusiasmo de Allende sobre o assunto, seu ódio do GAP é feroz. Há meses ela exige sua dissolução com estardalhaço. Hoje parece quase evidente que eles estarão entre os primeiros a serem visados pelo Exército.

Rodeado por seus jovens amigos, o presidente se dirige a Juan Montiglio, um dos comandantes do grupo:

> – *Allende:* Juan, organize a saída imediata para La Moneda; temos que chegar logo ao palácio, antes que os golpistas o ocupem.
>
> – *Juan:* Sim, *Doctor*. Vou preparar os carros. Excepcionalmente, creio que seria prudente não esquecer a sua metralhadora e a sua pistola. Dadas as circunstâncias...

De sua parte, Augusto Olivares, acordado pela agitação anormal que sacode a residência Tomás Moro desde a manhãzinha, não perdeu nada da cena. Ele se aproxima dos seus camaradas:

> – *Augusto Olivares:* Vou com vocês!
>
> – *Allende:* Com todo respeito que lhe devo, eu preferiria que você ficasse em um lugar seguro. La Moneda corre o risco de se tornar um lugar muito perigoso, e nós precisamos de você.

---

2. Coco e Inti Peredo combateram na guerrilha boliviana com Che Guevara. Eles morreram em combate, Coco em 1967 e Inti, antigo "tenente" do Che, em 1969.

– *Augusto Olivares:* Mais uma razão para ir com vocês, se precisam mesmo de mim.

– *Allende:* Eu sei que quando você toma uma decisão é difícil, fazê-lo mudar de ideia, mas eu lhe peço para fazer isso por mim.

Augusto Olivares, tocado por essa demonstração de estima, finge aceitar a ordem presidencial, mas no fundo não é assim. Sua decisão está tomada, assim que Allende virar as costas ele se esgueirará discretamente em um dos veículos de escolta que se preparam para partir.

7 HORAS, RESIDÊNCIA TOMÁS MORO.

Um cortejo de veículos deixa Tomás Moro em comboio em direção a La Moneda. A bordo, os homens estão todos armados com metralhadoras AK-47. Para todas as saídas do presidente, o GAP escolheu mobilizar três Fiats idênticos para que os eventuais agressores não saibam em qual deles está Allende. Mesmo que o palácio não seja muito próximo da residência, os motoristas do GAP adquiriram o dom de encurtar as distâncias pisando fundo no acelerador: hoje, trata-se de bater todos os recordes e de chegar ao objetivo em menos de dez minutos. Julio Soto, vulgo Joaquim, o motorista do carro de Allende, neste dia fora do comum, ainda não tinha recebido as instruções. Ele se volta para Raul, o camarada sentado ao seu lado, e lhe pergunta discretamente: "O que está acontecendo?". É o *Doctor* em pessoa que, do banco traseiro, lhe responde: "*Compañero,* a Marinha se sublevou contra nós. Pise fundo! Temos que chegar lá antes dos seus fuzileiros." Julio cumpre a ordem sem titubear. Lá fora, o céu está triste e nublado. Pisando no acelerador, concentrado, ele conduz em tempo recorde a esquadra presidencial a bom porto. Nas ruas desertas, o comboio partiu primeiro em direção ao norte e depois ao oeste, antes de adentrar a avenida Kennedy, passar a ponte Mapocho e chegar, enfim, à esquina de La Moneda.

7H10, PORTA MORANDÉ, PALÁCIO DE LA MONEDA.

Coisa comum a essa hora da manhã, La Moneda desperta ao som dos chiados dos pneus. Um balé de veículos se imobiliza brutalmente diante do número 80 da rua Morandé, situado no setor nordeste do palácio. Salvador Allende é um dos primeiros a descer do Fiat. Portando um capacete militar, com a sua metralhadora Walther MP no ombro, ele entra às pressas no prédio, escoltado pelo GAP. Um fotógrafo imortaliza o instante. No total, o perímetro está protegido apenas por dois pequenos tanques, e a instituição está guardada somente por uns poucos carabineiros. O nervosismo e a perplexidade deles são palpáveis: eles esperam manifestamente ordens claras dos seus oficiais superiores. Allende sobe as escadas pulando degraus para chegar até seu escritório, perto do qual se instala igualmente o seu aparato de segurança. A cena ganha imediatamente ares irreais. As paredes espessas e imponentes de La Moneda nunca abrigaram tantos civis armados. Desde o final do século XVIII, o edifício de estilo neoclássico, desenhado pelo arquiteto italiano Joaquim Toesca, atravessou as modas e as épocas em uma calma relativa. As largas fachadas adornadas com frontões refinados, os pórticos harmoniosos, os balcões ornamentados com balaústres de pedra até mesmo resistiram muito bem ao tempo. A princípio concebido para abrigar a administração das finanças públicas, daí o seu nome, *La Moneda* – A Moeda –, o edifício recebeu um número incalculável de chefes de Estado em seus pátios e salões coloridos. Mas nunca antes seus mármores e assoalhos tinham sido pisados por um presidente da República que tenha chegado para se barricar com os seus, com armas nas mãos, em uma fortaleza sitiada. Neste 11 de setembro de 1973, às 7h15, La Moneda não é mais um monumento santuário, ele se transforma pouco a pouco em um campo de batalha.

7H30, ESCRITÓRIO DE SALVADOR ALLENDE, LA MONEDA.

Salvador Allende troca algumas palavras com Carlos Alamos e com Juan Montigio que comandam o GAP. Eles dão, com a minúcia que segue, as instruções a cada um para proteger a Presidência a partir do primeiro andar, ocupando diferentes posições nas janelas do palácio, diante do Palácio da Constituição. A rua Morandé se conecta com a grande avenida Alameda, situada no lado exatamente oposto. À direita, se encontra La Moneda, e, à sua esquerda, encontram-se vários prédios, incluindo o estacionamento dos carros do GAP, que é adjacente ao Ministério das Obras Públicas, o MOP. Ora, o MOP apresenta uma vantagem considerável na configuração que se desenha: está localizado em um lugar estratégico, pois seus andares superiores permitem supervisionar tudo o que se trama ao redor do palácio.

7H40, MOP, EM FRENTE AO LA MONEDA.

No sétimo e no oitavo andar, o MOP oferece uma vista inigualável para a Praça da Constituição e para a totalidade da zona que vai até a avenida Alameda. "Joaquim" – Julio Soto – que dirige um pequeno grupo de oito combatentes do GAP, se instalou, como cada um dos seus camaradas, em um escritório do Ministério, cujo telefone ele utiliza para falar com Carlos Alamos, que ficou no palácio:

> – *Julio Soto:* Chegamos ao MOP. Basta quebrar um vidro do lado do estacionamento.
> – *Carlos Alamos:* Ouça, meu velho, vai ficar sério. É a sua vez de fazer o máximo. Você está exatamente no lugar de onde se pode conter a ofensiva militar. Ninguém deve se render. E atenção: não atirem como loucos desde o início, economizem as munições.
> – *Julio Soto:* Não se preocupe com isso. Por outro lado, *compañero*, previna os outros de que os militares já chegaram. O cerco começou. Vemos daqui os primeiros movimentos dos tanques na frente de La Moneda, os M-41 do regimento blindado nº 2 Tacna...

Ele se interrompe para ajustar os binóculos e verificar o que está percebendo ao longe:

– *Julio Soto:* Há até mesmo tropas de infantaria nas ruas adjacentes ao parque Almagro! *Weón,* todos estão com echarpes laranjas no pescoço, isso deve ser seu sinal de aliança!

7H55, ESCRITÓRIO DE SALVADOR ALLENDE, LA MONEDA.

Durante alguns instantes, o presidente decide não mais responder aos telefonemas incessantes que procuram saber o que se passa na sua cabeça. "A Marinha tomou Valparaíso, ok, mas nós ainda temos o resto em nossas mãos. Provavelmente, uma nova versão do Tancazo abortado do mês de junho. Mas é preciso que eu comece a alertar o país", se diz ele. Na mesma hora, ele pede às pessoas presentes para fechar as janelas, bloquear as portas e fazerem silêncio antes de ligar para a Radio Corporación. O fone na mão direita, a esquerda cobrindo a boca para se fazer ouvir o mais claramente possível, ele dá início a sua declaração:

> – *Allende:* É o presidente da República que vos fala do Palácio de La Moneda. Informações já confirmadas indicam que um setor da Marinha ocupa a cidade de Valparaíso. O que significa um levante contra o governo… Nessas circunstâncias, convoco todos os trabalhadores a ocupar seus postos de trabalho, nas fábricas, a permanecerem calmos e serenos. Até o momento, não houve nenhum movimento excepcional das tropas e segundo o chefe de guarnição, tudo está normal em Santiago. Em todo caso, estou aqui, no palácio do governo, e aqui permanecerei para defender o governo que eu represento porque o povo assim o quis…

Mal acabara de desligar e o telefone toca de novo: "Coronel Valenzuela, senhor presidente, o Ministério da Defesa foi ocupado pelos militares…". O olhar de Salvador Allende escurece.

8H05, PRIMEIRO ANDAR DE LA MONEDA

Não é prudente, e contrário a todas as recomendações do GAP, ele sabe, mas pouco importa, Allende vai em direção a uma das janelas do seu escritório para tirar um peso do peito e constatar por si mesmo o que se passa lá fora. Afastando a cortina da janela, ele pensa em La Payita, que a essa hora deve, provavelmente, tentar chegar a La Moneda de todas as maneiras possíveis: "Ela certamente vai fazer uma parada em Tomás Moro para buscar reforços, um batalhão suplementar do GAP...". Uma aglomeração atrai então a sua atenção: situação improvável durante essas horas funestas, um grupo de estudantes que o reconheceram o encoraja da rua. O fotógrafo argentino Horacio Villalobos, presente no local, tira então uma foto de Salvador Allende acenando para esses jovens de uma das janelas do primeiro andar de La Moneda.

8H10, PÁTIO DE LA MONEDA

Salvador Allende e Augusto Olivares trocam algumas palavras enquanto descem os degraus que os levam para o térreo. No caminho, eles atravessam um pátio onde cruzam um oficial dos carabineiros que interpela Allende espontaneamente:

> – *O oficial:* Senhor presidente, você pode contar com a minha lealdade, bem como a de toda a nossa corporação. Nós respeitaremos sempre a Constituição e a ordem legal.

Depois, o ordenança se imobiliza em forma de saudação militar. Os dois lhe respondem com um fraternal meneio da cabeça.

Assim que, alguns minutos mais tarde, Allende chega, sozinho, ao seu escritório, ele passa de novo em frente à guarita sem realmente notar que ela está claramente vazia. Ele ignora nesse momento que o soldado acaba de abandonar o seu fuzil, sua pistola e seu cinto em um canto, antes de sair, com as mãos ao alto, para se render às forças que cercam o palácio...

8H15, ESCRITÓRIO DE SALVADOR ALLENDE

Da poltrona onde está sentado, Allende ouve seus camaradas sussurrando no corredor. Os militantes do GAP estão, assim como ele, tomando consciência da gravidade da situação. Um de seus comandantes, José Ossea, se dirige a todos:

> – *José Ossea:* Vocês estão ouvindo o barulho das esteiras dos tanques? Trata-se do regimento Tacna! Os aviões sobrevoam o palácio, e os carabineiros que deviam protegê-lo desapareceram como que por encanto! É preciso ter lucidez: nós estamos sós, um punhado de combatentes dispostos a proteger o presidente...

Allende, mesmo que consciente dessa constatação, quer ainda acreditar que um setor do Exército se oporá ao golpe. Mas, coisa inquietante, o Estado-Maior permanece desesperadamente incomunicável. Agora talvez seja preciso colocá-los publicamente contra o muro? Melhor passar mais uma vez pela Radio Corporación para isso:

> – *Allende:* Trabalhadores do Chile, as notícias que temos nos indicam de fato uma insurreição da Marinha na província de Valparaíso. Eu pedi que tropas do Exército se encaminhassem para lá para sufocar esta tentativa de putsch. Fiquem atentos às informações em seus locais de trabalho...

Allende suspende brevemente sua fala, ele quer encontrar as palavras certas para responder, sem ambiguidades e à sua maneira, à sugestão das Forças Aéreas que propõem colocar à sua disposição um avião para deixar o país. Ele recomeça:

> – *Allende:* Eu sublinho a minha vontade de resistir custe o que custar, mesmo que isso custe a minha vida, para que prevaleça a lição que coloca diante da ignorância e da História aqueles que têm razão e não a força.

> Nesse momento os aviões passam sobre La Moneda e vão certamente nos metralhar. Estamos tranquilos e serenos.

Uma vez a comunicação terminada, ele inspira profundamente e depois se volta para Carlos Jorquera, assessor de imprensa do gabinete presidencial: "Pobre Pinochet. A essa hora, ele já deve estar preso."

8H30, ENTRADA PRINCIPAL DO PALÁCIO DE LA MONEDA

Um veículo branco, seguido por um outro, efetua uma miniderrapagem controlada na praça e para exatamente na frente dos imensos batentes de madeira da porta de entrada do palácio. Um homem de terno, rosto esticado, nariz pronunciado e barbicha branca se precipita em direção ao pórtico onde estão alguns soldados com capacetes. O ministro de Estado, José Toha,[3] é imediatamente assediado por uma penca de jornalistas que se plantam no local para cobrir o acontecimento. O câmera do Canal 13 pergunta diretamente: "Estão dizendo que o prazo para que bombardeiem o palácio acaba às 11 horas". Digno, com um olhar vivo para o chão depois para cima, o representante do governo Allende retruca de bate-pronto: "O único prazo é aquele que o povo chileno fixou para o mandato do presidente, quer dizer, até 3 de novembro de 1976."

8H35, EM FRENTE AO PRÉDIO DA INTENDÊNCIA

Faltou muito pouco para que o carro não os atropelasse, na esquina do edifício da Intendência, colado a La Moneda, os carabineiros golpistas barram agora o caminho do carro que acaba de quase acertá-los involuntariamente. A bordo, La Payita, com alguns dos preciosos reforços do GAP que ela tinha buscado na residência Tomás Moro. Nenhum teve tempo de reagir. Com um movimento coordenado, os soldados os cercaram sem deixar a menor chance de revide. Ameaçadores, eles obrigam

3. José Toha morrerá na prisão em março de 1974.

La Payita a sair do veículo e depois se afastar. Eles prendem então, um por um, os militantes que a acompanhavam, entre os quais "Bruno" — Domingo Blanco Tarrès, um dos chefes do GAP. Ela se debate o quanto pode, a coronhadas, eles a empurram por dezenas de metros na rua. Ela sufoca, por fim, seus gritos de ódio e de dor, acompanhando com os olhos, impotente, a prisão de Enrique Contreras, que não é outro senão seu filho, então com 20 anos de idade.[4]

8H40, RUA MORANDÉ

Nas calçadas da rua Morandé, uma silhueta feminina com o ventre arredondado tenta deslizar discretamente entra as barragens. Um militar, echarpe laranja ao redor do pescoço, metralhadora apontada para frente, a interpela e manda que ela não dê nem mais um passo. A mulher puxa uma arma para usá-la se ele não a deixar passar: "Sou a filha do presidente, ninguém vai me impedir de entrar!". Provavelmente mais surpreso do que amedrontado, o putschista cede à sua exigência reconfortando-se com a ideia de que ela vai entrar por conta própria em uma terrível ratoeira.

É assim, pois, que Beatriz Allende, Tati, adentra o palácio pelo número 80 da rua Morandé. Ela toma rapidamente a escadaria para chegar ao segundo andar e encontrar seu pai. Ele não se dá conta de nada quando ela empurra a porta. Ela se encosta em um canto do cômodo e escuta Salvador Allende, calmo e decidido, dar a três camaradas ordens que parecem não admitir nenhuma discussão. Tati compreende imediatamente o problema, os carabineiros encarregados da segurança simplesmente desapareceram, uns depois dos outros, Augusto Olivares entra, por sua vez, e se coloca ao seu lado. Enquanto os dois esperam que o presidente termine de distribuir as recomendações, Beatriz não pode deixar de compartilhar seu sentimento político com esse amigo querido: "Não é um guerrilheiro, é verdade, mas um presidente eleito que defende até o fim o mandato recebido do povo, bem como a legalidade republicana e a Constituição. E para isso, e pela primeira vez na sua vida, ele pega em armas e assume o

4. Seu corpo será encontrado em 19 de setembro de 1973 nas águas do rio Mapocho.

comando militar dos seus camaradas...". Uma voz forte e cortante cobre subitamente a sua, sua tonalidade é bem mais paternal que militante: "Que cabeça dura, eu te disse para não vir!".

8H42, ESCRITÓRIO DE SALVADOR ALLENDE

Salvador e Beatriz não têm tempo de continuar a sua terna querela familiar quando Joan Garcès, conselheiro político, irrompe: "Sintonize imediatamente na Radio Agricultura". Enquanto algum camarada tentava encontrar a frequência, uma música militar ressoou na sala toda antes de ser interrompida por um anúncio realizado por Federico Willoughby, um jornalista notável da extrema direita chilena. Este faz a leitura de uma proclamação do Exército:

> "*As Forças Armadas declaram:* o senhor presidente da República deve imediatamente ceder sua alta função às Forças Armadas e aos Carabineiros do Chile. A imprensa, as rádios e os canais de televisão ligados a Unidade Popular devem suspender imediatamente sua difusão. Em caso contrário, eles serão punidos pela Aeronáutica e pelo Exército. O povo de Santiago deve permanecer em suas casas para evitar vítimas inocentes. Assinado, general Augusto Pinochet, comandante do Exército; almirante José Toribio Merino, comandante da Marinha; general Gustavo Leigh Guzman, comandante da Aeronáutica; e general César Mendoza Duran, comandante dos Carabineiros."

Um terrível silêncio preenche o cômodo. Cada um tomado por seus próprios pensamentos imediatos. A junta militar se prepara para tomar o poder. "Quatro oficiais superiores, o equivalente dos '*quatro generales que se han alzado*' da célebre canção republicana espanhola de 1936... A História se repete.", divaga Joan Garcès, com ar grave. Salvador Allende dedilha a borda da sua escrivaninha, os olhos levemente perdidos no vazio, repetindo: "traidores, traidores...".

8H45, ESCRITÓRIO DE SALVADOR ALLENDE

Os ruídos surdos dos tanques se aproximam. Nitidamente, o cerco militar ao palácio está agora em seu lugar. A perspectiva dramática por tantas vezes evocada por Salvador Allende em suas declarações públicas estava em vias de ganhar forma sob seus olhos. Augusto Olivares, apoiado em uma mesa, tenta conjurar a melancolia que paira quebrando o mutismo ambiente:

> – *Augusto Olivares:* Portanto, nós vislumbramos essa saída durante todos esses anos. Eu tenho alguns fragmentos dos seus discursos, *Doctor*, que me vêm à memória.
>
> – *Allende:* Sim, mas mal imaginávamos na época a que ponto eles eram premonitórios.

O presidente pede para discarem mais uma vez o número da Radio Corporación:

> – *Allende:* Neste período de cegueira, eu gostaria de lembrá-los algumas de minhas palavras pronunciadas em 1971: "Eu repito a vocês com calma e com uma tranquilidade absoluta, eu não tenho estofo de mártir, sou um lutador social que realizou a tarefa que o povo me confiou. Que o ouçam aqueles que desejam modificar a História se recusam reconhecer a vontade majoritária do Chile. Sem ter o estofo de mártir, eu não recuarei. Que eles saibam, que eles ouçam, que eles gravem profundamente: eu deixarei La Moneda só depois de ter completado o mandato que o povo me confiou. Eu não tenho outra alternativa. Para barrar essa vontade e me fazer deixar La Moneda, será preciso me crivar de balas."

8H51, SALA DO SECRETARIADO PRESIDENCIAL

Beatriz responde e faz ligações para todos e para ninguém. Luis a mantém informada a partir da embaixada cubana, onde ele se encontra. Ela está igualmente em contato com a direção militar do Partido Socialista e com a do MIR, em especial Miguel Enriquez. Sem esquecer o escritório político do Partido Comunista. Um encontro entre todos foi marcado na fábrica Indumet, situada no sudoeste da capital, em San Joaquin. O projeto consiste em estabelecer um comando comum de toda a resistência para decidir sobre o modo de ação. O aparelho toca mais uma vez, Miguel pede para falar com Salvador. Beatriz consegue colocá-los em contato. Sentada ao lado de seu pai, acompanha a conversa entre os dois homens a partir de alguns fragmentos que chegam até ela. Seu pai conclui a discussão de maneira amigável: "Não se preocupe demais. Mas, não, não penso em deixar La Moneda."

> – *Beatriz Allende:* Você se entendeu com Miguel?
>
> – *Allende:* Ele propõe me enviar uma coluna com as outras organizações para levantar o cerco de La Moneda, me tirar daqui para me colocar em segurança no sul da cidade, na zona de San Miguel. Eu lhe disse mais uma vez que meu lugar é aqui.
>
> – *Beatriz Allende:* Eu compreendo a sua escolha, mas não esqueça que você é o único com a legitimidade necessária para impor a todos os partidos uma coordenação unida na resistência. Segundo os guardas, talvez haja um meio de chegar ao estacionamento atravessando a rua Morandé acobertado para se refugiar no MOP em um primeiro momento*9+...

Seu pai a faz entender sua recusa com um aceno, ela não insiste.

8H53, POSTO Nº 5 DA JUNTA MILITAR, MINISTÉRIO DA DEFESA

Muita gente se agita em torno dele, e isso acaba por irritá-lo. Por causa da algazarra permanente que perturba o posto efetivo das operações militares onde se encontra, o almirante Patricio Carvajal não escuta absolutamente nada. Exige que a gritaria pare, porque ele está ao telefone com Augusto Pinochet, que se "retirou" para longe do centro de Santiago por "razões de segurança".

> – *Augusto Pinochet:* É preciso estar pronto para atacá-lo enquanto ele está em La Moneda. É melhor matar a cadela antes que ela dê filhotes!
> – *Patricio Carvajal:* Ainda vamos lhe oferecer a opção de ir embora do país?
> – *Augusto Pinochet:* Sim, mantemos a oferta de sair do país... E derrubamos o avião em pleno voo!

Patricio Carvajal lhe responde com um "entendido" que ele pontua com uma risada fugaz, mas cruel.

9H03, ESCRITÓRIO DE SALVADOR ALLENDE

Os tanques estão agora distintamente em posição na praça da Constituição, ou dito de outra maneira, bem em frente ao palácio. Ao longe, soam os primeiros tiros. O presidente dá alguns passos e lança um rápido olhar pela janela. Ele acaba de perceber que a sorte está lançada. A esperança de ver surgir uma divisão amiga das Forças Armadas evaporou-se de uma só vez. Não se trata mais de um Tancazo, mas de um verdadeiro putsch militar, dirigido pelo Estado-Maior do Exército e pela polícia. As rádios não transmitem mais, exceto uma, a Radio Magallanes, e ela está associada à Unidade Popular. É chegada a hora de falar uma última vez ao povo chileno e de se inscrever na História. Allende pede aos seus camaradas para que reine a maior calma possível no cômodo. Cada um permanece em silêncio, consciente do momento trágico e solene que se desenrola neste instante. Na sede da Radio Magallanes, é o jornalista Guillermo Ravest que responde:

– *Gullermo Ravest:* Quem fala?

– *Allende:* Ravest, *compañero,* preciso entrar no ar imediatamente.

– *Guillermo Ravest:* Me dê alguns minutos para organizar a gravação.

– *Allende:* Não, *compañero*, preciso que transmitam a minha mensagem imediatamente, não podemos perder tempo.

Ele pensou nesse desfecho mais de uma vez. Todos os engajamentos de sua vida política vão, pois, falar por ele. De resto, ele deixará a sua intuição, forjada no fio da experiência, guiar o ritmo ininterrupto das suas palavras para desdobrar, um por um, os argumentos contundentes do seu requisitório. Convencido da vocação testamentária deste último discurso para a memória coletiva, Salvador Allende deseja convocar a História, denunciar não apenas os militares desleais, traidores da palavra dada, mas também o sistema capitalista em sua globalidade, sem ocultar a força que, por trás das cortinas, move as marionetes: o imperialismo. Com uma voz calma, emocionada, onde a indignação se mistura com a tristeza, ele começa:

– *Allende: Pagarei com a minha vida a defesa dos princípios que são caros a esta pátria. A vergonha cairá sobre aqueles que traíram suas convicções, faltaram com sua própria palavra e se voltaram para a doutrina das Forças Armadas. O povo deve ficar vigilante, não deve se deixar provocar nem massacrar, mas deve defender as suas conquistas. Ele deve defender o direito de construir com seu próprio trabalho uma vida digna e melhor. A História não para, nem com a repressão, nem com o crime. É uma etapa a ser vencida, um momento difícil. É possível que eles nos esmaguem, mas o futuro pertencerá ao povo, aos trabalhadores. A humanidade avança em direção à conquista de uma vida melhor.*

É certamente a última oportunidade que tenho de falar com vocês. As forças da Aeronáutica bombardearam as antenas de rádio.

Minhas palavras não são amargas, mas decepcionadas. Elas são a punição moral para aqueles que traíram o juramento que fizeram (...)
Diante dos acontecimentos, posso dizer aos trabalhadores que eu não renunciarei. Nesta etapa histórica, pagarei com a minha vida minha lealdade ao povo. Digo a vocês que tenho a certeza de que a semente que plantamos na consciência digna do povo chileno não poderá ser extirpada definitivamente. Eles têm a força, eles poderão nos subjugar, mas não poderão impedir os progressos sociais, nem pelo crime, nem pela força.
A História é nossa, é o povo que a faz.
Trabalhadores da minha pátria, quero lhes agradecer pela lealdade que sempre demonstraram, pela confiança que depositaram em um homem que foi apenas o intérprete de um grande desejo de justiça, e que tinha dado a sua palavra de que respeitaria a constituição e a lei. Neste instante, o último em que posso me dirigir a vocês, quero que aproveitem este ensinamento.
O capital estrangeiro, o imperialismo, unidos à reação, criaram o clima para que as Forças Armadas rompessem hoje com a sua tradição: aquela que tinha sido professada pelo general Schneider e que deveria ser reafirmada pelo comandante Araya. É de sua casa, com ajuda estrangeira, que este esperará reconquistar o poder a fim de continuar a defender suas propriedades e seus privilégios.
Eu gostaria de me dirigir à mulher simples da nossa terra, à camponesa que acreditou em nós; à operária que trabalhou duro e à mãe que sempre cuidou bem de seus filhos. Me dirijo aos funcionários do Estado, àqueles que há dias trabalham contra o golpe de Estado, contra aqueles que só defendem os privilégios de uma sociedade capitalista. Me dirijo à juventude, àqueles que cantaram e transmitiram sua alegria e seu espírito de luta. Me dirijo aos chilenos, operários, camponeses, intelectuais, a todos aqueles que serão perseguidos. O fascismo está presente

em nosso país já há algum tempo, com os atentados terroristas explodindo pontes, cortando as estradas de ferro, destruindo os oleodutos e gasodutos; tudo sob o silêncio daqueles que tinham a obrigação de intervir. A História os julgará.

Eles certamente calarão a Radio Magallanes, e vocês não poderão mais ouvir o som metálico da minha voz tranquila. Pouco importa, vocês continuarão a me escutar, eu estarei sempre junto de vocês, vocês terão ao menos a lembrança de um homem digno que foi leal à pátria.

O povo deve se defender e não se sacrificar, ele não deve se deixar exterminar e se deixar humilhar. Trabalhadores: eu confio no Chile e no seu destino. Outros homens atravessarão este momento sombrio e amargo em que a traição pretende se impor. Vão adiante sabendo que, cedo ou tarde, os trabalhadores abrirão as grandes alamedas pelas quais passarão homens livres a fim de construir uma sociedade melhor.

Viva o Chile, viva o povo, viva os trabalhadores!

Estas são as minhas últimas palavras, tenho a certeza de que o sacrifício não será em vão e que ao menos isso será uma punição moral para a perfídia, a covardia e a traição.

9H30, PRIMEIRO ANDAR DE LA MONEDA

O presidente Allende convoca a todos e passa por todas as salas, salões e corredores para mobilizar as tropas. No ombro, ele tem a AK-47 que lhe fora oferecida por Fidel Castro durante sua visita a Santiago em 1971. Fora, um tanque metralha a fachada do palácio. O eco das deflagrações ressoa até o grande pátio interno. A batalha de La Moneda acaba de começar. Ela opõe o Exército chileno, apoiado pela Força Aérea e os Carabineiros a algumas dezenas de combatentes agrupados em volta de Salvador Allende. Difícil imaginar um combate mais desigual.

9H40, MINISTÉRIO DAS OBRAS PÚBLICAS, MOP

Nos andares onde eles se entrincheiraram, os atiradores do GAP, conduzidos por Joaquin, conseguem impedir com valentia a progressão terrestre dos militares, venha ela da praça da Constituição ou da avenida Alameda.

10H, ESCRITÓRIO DO COMANDO DA AERONÁUTICA, ESCOLA MILITAR DE LAS CONDES, SUBÚRBIO DE SANTIAGO

O capacete aperta seu crânio fazendo pressão nas suas têmporas. É sempre assim quando Leigh está ansioso. Felizmente, ele soube permanecer plácido nesse tipo de situação. Imperturbável, rodeado de outros altos oficiais, ele organiza as informações que lhe chegam do campo antes de transferi-las uma a uma sobre o impressionante mapa da cidade fixado na parede do quartel general. As ordens de cima, por sua vez, lhe chegam mais lentamente do que ele gostaria. Um ajudante lhe dá precisamente esta informação decisiva e que ele esperava com impaciência: "Ao general Leigh, da parte do general Pinochet, solicita-se que comece o ataque aéreo sobre os telhados do MOP o mais rapidamente possível."

10H03, SALA DO SECRETARIADO PRESIDENCIAL

Beatriz se senta com a expressão desfeita, ela telefona para Miguel: "Eu acabei de ir vê-lo, mas ele ainda está numa ligação. Por outro lado, ele insistiu para que eu lhe passasse a seguinte mensagem: "Diga a Miguel que agora... É a vez dele!"

Segue-se um breve silêncio. Um e outro compreenderam o alcance dessas palavras. Beatriz consegue apenas acrescentar: "Eu espero que vocês consigam organizar o revide. Vamos realmente precisar de vocês..."

10H30, SALÃO TOESCA, LA MONEDA

As trinta de pessoas que ele pediu para ver com urgência o encaram. Os membros do GAP, os policiais que se mantiveram leais, os membros do gabinete presidencial, todos estão na expectativa. Allende dá um passo à frente: "Nós temos pouco tempo, então, vamos ao essencial: o ultimato e a ameaça de um bombardeio previsto para às 11 horas acabam de nos ser comunicados. A partir de agora, só ficam aqueles e aquelas que realmente o desejarem. Os outros têm o direito de ir embora, sua tarefa foi assegurada até o fim e bem executada. Vocês não têm razão para se envergonhar, acreditem em mim!". Sem que ninguém tivesse combinado, a resposta foi unânime: ninguém quer partir. Sobretudo Beatriz, que se levanta para já se colocar em ação. Sua irmã Isabel, também presente, faz o mesmo. Salvador lança a elas um olhar furioso.

10H43, DEPENDÊNCIAS DO PALÁCIO DE LA MONEDA

Luis Orlando Lagos Vasquez, vulgo "Chico",[5] fotógrafo pessoal da Presidência, acompanha, do interior do palácio, os deslocamentos realizados por Salvador Allende e seus seguranças. Estes últimos adentram as dependências do edifício para estabelecer a trajetória eventual de um bombardeio seguindo os movimentos dos aviões nos céus. Na foto, Salvador Allende, capacete na cabeça, metralhadora a tiracolo sobre o ombro direito, aparece ao lado de seus dois camaradas armados do GAP diante do enquadramento de uma porta de madeira, sobre o que se assemelha a um balcão ou a um terraço. Os três têm os olhos fixos no céu, orientados na mesma direção, levemente para a esquerda. Adivinha-se nesta cena que os ataques são iminentes. Sem perder um segundo, "Chico" retira os negativos da sua câmera e os esconde em sua roupa de baixo na esperança de conseguir tirá-los de La Moneda o mais rapidamente possível.

---

5. Luiz Orlando Lagos Vasquez conseguirá escapar de La Moneda e fugir da ditadura. Suas fotos foram publicadas no *New York Times* três semanas depois do golpe de Estado e ganharam o mundo. Ele não verá um centavo. "Chico" morreu em 2017.

10H50, POSTO DE COMANDO DA AERONÁUTICA

O oficial das FACH encarregado de transmitir a sentença dos putschistas ao escritório presidencial parece tirar um prazer sádico em debulhar a sua mensagem: "Último aviso, façam sair as mulheres em três minutos antes que o bombardeio comece. Vocês já perderam trinta segundos...".

10H56, PORTA MORANDÉ, LA MONEDA

Não é fácil mascarar o sofrimento íntimo que os submerge. O que resta é se ater à determinação que o momento presente dele exige. Ele foi obrigado a elevar o tom com elas, ele não gosta disso, mas existia outra solução? Suas duas primeiras tentativas tinham sido infrutíferas, então, ele não teve outra escolha senão lhes impor uma decisão de autoridade. Às suas filhas, ele acaba de dar uma ordem: "Eu exijo que vocês partam!". Sem se consultarem, Beatriz e Isabel instintivamente compreenderam que objetivamente, a partir de agora, a presença delas constituiria, sobretudo, uma preocupação a mais para ele. Estava fora de questão, para elas, sobrecarregá-lo ainda mais com outras preocupações, levando em conta todos os outros assuntos decisivos que o esperavam e que faltavam ser definidos. Mas fora um dilema. Para Beatriz, em particular, Salvador tinha dado esta instrução sob a forma de missão política, uma ação que ele exigia que ela executasse em seu nome: ajudar a resistência a se organizar no exterior. Conhecendo seu ponto fraco, ele sabia pertinentemente que ela não deixaria o palácio a não ser contra a sua vontade, de tanto que seu desejo de lutar ao lado de seu pai era profundo. Foi com a morte na alma que as duas irmãs acabaram por aceitar partir.

Eis então os três reunidos na soleira da porta Morandé, expressando-se apenas por gestos, cada um gravando em sua memória estes instantes que já parecem um adeus.

11H05, TÉRREO DE LA MONEDA

Nas beiradas de um pátio, uma breve discussão entre Salvador Allende e um grupo de vários combatentes do GAP termina: "Diga a Joaquin que interrompemos a operação. Sem fuga pelo estacionamento! Fechem a porta Morandé depois de terem certeza de que todos aqueles que desejam possam evacuar o local enquanto ainda há tempo."

11H20, NOS CÉUS, ACIMA DO PALÁCIO DE LA MONEDA

Os dois aviões Hawker Hunter que decolaram de manhã cedo de Concepción sobrevoam agora o Palácio de la Moneda. Eles ensejam uma primeira passagem, fazem um retorno, e voltam em direção ao alvo a aproximadamente nove mil metros de altitude. Um pouco antes das 11h30, o primeiro avião lança seus mísseis, que explodem contra a fachada norte. O segundo assume imediatamente a sua vez e envia os seus com ainda mais precisão: eles atingem diretamente o teto.

11H30, PALÁCIO DE LA MONEDA

Um estardalhaço de cerâmicas quebradas! Uma fumaça espessa sufocante e um turbilhão de poeira se apossam do interior do palácio. O chão do imóvel treme por toda parte. O grande vitral da entrada do átrio voa em pedaços sob o choque da explosão, inúmeros incêndios se deflagram pelos andares. Os canos de água se rompem, o térreo está inundado. Impossível respirar ou ver a mais de um metro. Uma voz chama, gritando, a quem puder ouvir: "Máscaras de gás, camaradas, precisamos de máscaras de gás por aqui!".

11H35, PRIMEIRO ANDAR DE LA MONEDA

Sylvio e Manque vão e vêm sem parar entras as janelas, escapando por pouco de tropeçar nos entulhos produzidos pela explosão. A cada abertura, eles colocaram metralhadoras e correm de uma para outra para atirar nos soldados que aproveitaram o caos suscitado pelos bombardeios para avançar em direção ao palácio. Os dois membros do GAP se alternam incansavelmente e impedem o menor avanço dos invasores, forçados a recuar diante do que parece, visto de baixo, a resistência de toda uma unidade de combate.

13H, MEZANINO DE LA MONEDA

No patamar central que liga os andares a vários pátios, um corpo está caído, encolhido pela metade no escuro. Seu braço está estendido, seu rosto desfigurado, uma parte do seu cérebro explodiu. O doutor Arturo Jirón tenta, em vão, reanimá-lo, mas o tiro de fuzil foi fatal. Augusto Olivares acaba de se suicidar. Alertado, Salvador Allende desce os degraus com urgência, seu rosto se contrai de dor. Ele chega a articular algumas palavras e pede aos camaradas presentes que respeitem imediatamente um minuto de silêncio pela memória de seu amigo. No caos, em meio aos combates e às chamas, cada um se recolhe então ao redor do corpo daquele que foi o primeiro morto da tomada do Palácio de La Moneda.

11H30, PÁTIO DE LA MONEDA

"Desta vez, acabou", explica ele, lhe tomando o braço com afeto: "é preciso se render. Partam primeiro, não se preocupem, tudo ficará bem!". Salvador Allende finalmente consegue convencer Miria, La Payita, a se juntar ao cortejo que se apressa a se entregar como prisioneiros às Forças Armadas que estão do lado de fora. "E desta vez, evite se esconder atrás das paredes como fez agora há pouco. Você tinha me prometido que ia partir em companhia de Beatriz e de Isabel". Para acompanhar esse momento singular, ele arranca da parede uma bandeira da Guerra de Independência contra o Império Espanhol e dá a ela. Ela dobra o estandarte e o esconde em seu paletó.

Salvador acompanha a coluna constituída de uns trinta camaradas tão perto quanto possível da saída da rua Morandé. La

Payita sai primeiro, ela exibe um tecido branco em sinal de rendição. Retornando logo ao andar pela escada, Allende não tem tempo de ver os primeiros golpes contra os seus por parte dos militares. Nem os soldados que acabam de penetrar em La Moneda.

14H, SALÃO DA INDEPENDÊNCIA

Uma detonação ressoa. Depois ouve-se uma voz gritar: "o presidente está morto". O doutor Jirón entra no salão. Sobre um sofá, um corpo deitado pela metade, o crânio arrebentado, uma poça de sangue no chão, uma AK-47 atravessada na almofada. Salvador Allende se juntou ao seu amigo Augusto Olivares realizando o mesmo gesto. Na porta, militares afluem para ver os restos mortais do presidente caído.

Com a bota, um soldado esmaga uma armação de óculos já quebrada em duas partes. Ele recolhe os pedaços do chão e saboreia: esses estilhaços constituem tudo o que resta do chefe de governo que eles acabam de derrubar.

A RESISTÊNCIA NOS CORDÕES INDUSTRIAIS

7H30, EMPRESA SUMAR POLIESTER, AVENIDA CARLOS VALDOVINOS, SANTIAGO

Como era seu costume, Roberto passa pelas grades de entrada da fábrica assobiando. Hoje, ele é da equipe da manhã, sua preferida, a que começa às 7h30 e termina às 15h.

Na soleira do pátio o porteiro o cumprimenta como sempre, com uma familiaridade um pouco exagerada para o seu gosto. Roberto está convencido, sem poder explicar exatamente, de que alguma coisa soa falso na atitude do segurança, alguma coisa não bate, como esse traço imperceptível de submissão que transparece em seu sorriso falso quando ele se finge de militante de todas as causas durante as assembleias. Mas é só uma impressão, e ele está bem posicionado para saber que é preciso desconfiar dos pré-julgamentos e dos *a prioris*. Ele mesmo, por exemplo, é facilmente catalogado como "apolítico" por seus colegas no seio do estabelecimento. É o que se diz, em regra geral, das pessoas que não aderiram a nenhum partido, que seja o PS, o PC ou ainda o MIR. Isso não o impede, no entanto, de ter a sua própria visão do mundo e de implicar-se, da sua maneira, na defesa da causa operária. É preciso dizer que aqui a indiferença tem má reputação e que a militância está quase incluída no contrato de trabalho. Por conseguinte, a empresa não está pouco orgulhosa de fazer parte das primeiras unidades nacionalizadas desde o início do mandato de Salvador Allende. Este último tinha até feito pessoalmente uma visita, em janeiro de 1973, para se dirigir diretamente aos trabalhadores para garantir-lhes que a Sumar permaneceria na Área de Propriedade Social. Isso não impediu que alguns, na época, reclamassem por mais garantias para que a usina retornasse verdadeiramente aos assalariados, para que deixassem que eles a controlassem de fato, sem se reportarem aos administradores designados pelo Estado. As discussões intermináveis entre as organizações políticas têm o dom de esgotar Roberto. Tanto mais porque a sua tendência natural e pessoal o leva mais em direção das ações concretas. Requisitar caminhões para garantir a distribuição de alimentos nos bairros, isso, sim, o agradava muito particularmente. Esse hábito nasceu da greve de outubro de 1972, quando se teve que encarar a penúria generalizada. Desde então, um comitê de operários, do qual ele faz parte, perpetua essa forma de solidariedade no seio da fábrica, em ligação com o Comando Comunal de San Miguel, que se encontra bem do outro lado da avenida Santa Rosa. Nesse caso, é preciso confessar que os militantes do MIR são hiperativos. Esse tipo de iniciativa toca Roberto mais do que outras, e não sem razão. Sua família vive ainda na *población* de La Legua, baseada a um quarteirão daqui. Foi lá que ele cresceu. Ele tira disso um certo orgulho como a maioria dos habitantes; a existência do bairro é, de fato, fruto de uma luta coletiva, as famílias tendo que tomar as terras e construir as casas elas mesmas. Graças ao seu primeiro emprego, aqui na fábrica, Roberto tinha deixado La Legua para morar, desde então, no loteamento Sumar 4, localizado bem na frente do seu local de trabalho. Mas a favela permaneceu colada na sua pele, e ele conhecia todos os aspectos dela: as lendas urbanas que fazem tremer os burgueses, mas também a carência material e humana que vai da insalubridade das casas à ausência de eletricidade, da subnutrição crônica ao analfabetismo. É verdade que Santiago está superlotada. Entre o êxodo rural e a crise econômica que graça nas minas de cobre e de salitre, o Chile todo parece confluir para as cidades na esperança de ali encontrar meios de subsistência. Mais de 75% da população é deste então urbana, uma aceleração sobrevinda em alguns anos somente.

Absorto em seus pensamentos, Roberto se dirige maquinalmente para seu posto de trabalho através de labirintos de galpões. Ele percorre a alameda central passando, um por um, os diferentes ateliês, embalagem, fiação, tecelagem e por fim o famoso laboratório de química. Um dia talvez ele suba os escalões para se tornar engenheiro nesse florão da empresa, quem sabe? Pois, na Sumar, o pessoal se orgulha de estar na ponta no domínio da fabricação de nylon. Enquanto espera ser promovido, é preciso controlar a impaciência. Por hora, Roberto acaba de ser integrado ao serviço de manutenção. Mesmo não parecendo, fazer a manutenção das máquinas lhe cai bem, ele é mais do gênero habilidoso em mecânica. O único defeito que dele se sabe realmente é a sua falta recorrente de pontualidade. Inútil dizer que hoje ele não foge à regra, evidentemente. Ele se junta ao seu grupo por último. Hugo, sindicalista de choque e figura do cordão industrial de San Joaquin que reúne as fábricas do setor, aplaude ruidosamente sua chegada a fim de cumprimentar o retardatário como se deve: "*Flaco,* você veio, finalmente?".

Apesar das aparências, os dois homens se apreciam sinceramente. Eles se tornaram até mesmo amigos ao longo do tempo. Uma amizade selada por esse tipo de brincadeira cotidiana que um faz com o outro carinhosamente a toda hora. Não há muita escolha com Hugo: na categoria "fanfarrão", ele tem o pódio. Roberto criou, por exemplo, o hábito de deixá-lo sempre contar vantagem sobre o sangue mapuche que corre em suas veias e que estaria na origem da sua coragem fora do comum. Em geral, bastava deixar Hugo falar sozinho para gentilmente tirar sarro dele, mesmo se sexta passada, é preciso dizer, ele tenha sinceramente impressionado Roberto. Nessa noite, com efeito, Hugo provou eloquentemente a coragem da qual ele se gaba, encarando os militares vindos para perquirir o local. Um ato de bravura, seguramente. Ele não hesitou em empunhar o revólver diante deles, e vários tiros passaram raspando por cima de suas cabeças antes e ricochetearem nas imensas paredes envidraçadas da varanda do pátio. Os soldados tinham se mandado imediatamente. Graças a ele, as armas que eles tinham vindo apreender – mas eram poucas – ficaram sob a alta proteção da classe trabalhadora. No dia seguinte o celebramos como um verdadeiro herói. Desde então, cheio da sua novíssima notoriedade que, obviamente, já tinha dado a volta no bairro, ele repetia sem parar para quem quisesse ouvir: "Que venham, e eles vão ver!".

8H45, VILLA LAS ROSAS, SUBÚRBIO DE SANTIAGO

"Que belo bando de imbecis!". Na neblina matinal, apoiada nas mãos e com os joelhos na horta onde ela cultiva sua salada, Maria Piña Valenzuela, vulgo Helena, pragueja contra os veículos dos militares e seus exercícios que ela acha barulhentos demais para seu gosto. De todo modo, ela não gosta deles, nem deles, nem dos conservadores, nem dos capitalistas. Desde o fim de seus estudos ela está, de fato, consideravelmente politizada, especialmente no hospital onde trabalha agora, onde ela se tornou uma sindicalista particularmente apreciada por seus colegas. No momento da chegada de Salvador Allende ao poder, Helena integrou um grupo político independente, o Partido Socialista Revolucionário, que defende posições um pouco mais à esquerda que as do MIR. O que não reduz em nada a estima sincera e fraterna que ela tem pelos miristas, especialmente por seu dirigente, Miguel Enriquez. No dia 17 de julho passado, ela até mesmo assistiu seu *meeting* no teatro Caupolican. O fato de ter participado das iniciativas do MIR de maneira recorrente lhe valeu, ademais, reprimendas inesperadas. Durante uma reunião de célula do seu partido que acontecia em sua casa, Helena tinha sido denunciada na frente dos seus camaradas por uma pessoa que lhe era extremamente cara, porque tratava-se do seu filho mais jovem, Andres. Com somente cinco anos, com sua pelúcia encaixada sob o braço, ele tinha solenemente pedido a palavra após ter levantado o dedo, depois, designando sua mãe, declarou: "Ela, lá! Ela estava com o MIR esta tarde, não com o Partido!". Todos explodiram de rir.

"E mais uma, dá para acreditar que eles são pagos para voar em círculos?". Helena amaldiçoa a enésima passagem rasante dos aviões em cima da casa, unindo os gestos às palavras. Cúmulo da má-sorte, foi precisamente neste instante que, na entrada da casa geminada, aparece seu vizinho de direita, de direita em todos os sentidos do termo. O homem de uma certa idade para e escrita, com ar de dúvida, essa bela mulher, com cabelos na altura dos ombros, vestida com um jeans e uma camisa colorida, que está manifestamente proferindo blasfêmias contra o céu. Tantas coisas que a moral reprova. Nena compreende rápido que ela está sendo observada e se recompõe na hora, pois nas redondezas deve-se guardar a discrição. Seu companheiro e ela decidiram justamente se instalar nesse bairro afastado do seu militantismo cotidiano no trabalho com o objetivo de não serem notados. Para desfazer qualquer mal-entendido, ela decide se antecipar: "O que eles fazem desde a manhã rodando por horas em cima das nossas cabeças? Vão acabar encostando nos telhados das casas passando assim tão baixo...". Decididamente confuso com o comportamento desta nova moradora, e reforçado por suas convicções profundas quanto às derivas da juventude deste país, o aposentado decide, por cortesia, informar a essa ovelha desgarrada sobre os acontecimentos que, pessoalmente, o alegram desde esta manhã: "Vocês não estão sabendo, então? O Exército se levantou contra Allende, eles acabaram de bombardear a estação de rádio lá do outro lado das casas. Era preciso que terminasse assim uma hora ou outra. Cá entre nós, já não era sem tempo...". Helena fica impassível, fingindo escutar com interesse a diatribe do velho reacionário. Mas sua cabeça está longe, ela sabe perfeitamente o que deve fazer.

8H51, GRAN AVENIDA, SANTIAGO

No fundo de um pequeno jardim, uma casa de fachada verde-escuro. No primeiro andar, as cortinas de uma janela são abertas. No interior do cômodo, eles são oito, em círculo, para se colocarem rapidamente a par da reviravolta nos acontecimentos. São os membros da comissão política do MIR, entre os quais alguns dos fundadores da organização, como Miguel Enriquez, Andres Pascal Allende, Bautista van Schouwen, vulgo "Bauchi", ou ainda Humberto Sotomayor. Inútil tergiversar ou se deixar levar por grandes considerações, todo mundo corre de um lado para o outro desde o amanhecer, o tempo urge e o momento é grave. Miguel termina neste instante uma comunicação crucial com La Moneda:

> – *Miguel Enriquez: El Doctor* não sairá do Palácio. Nós não temos escolha, é preciso acionar o nível de alerta 1 e mobilizar todas as estruturas militares. Que cada um entre

em contato com seu GPM,[1] são dez para dividirmos, eu me encarrego, para além do meu, da zona Barancas bem como de Cerrillos-Maipú. É preciso a todo custo tentar estabelecer uma junção entre a resistência dos cordões industriais e a dos setores das Forças Armadas e dos Carabineiros que se opõem ao Estado militar. É a hora da verdade, esperemos que todos esses anos de ativismo social e político nas *poblaciones* e nas empresas sirvam de ponto de apoio para o revide popular.

– *Andres Pascal Allende:* Miguel, nós temos um problema. Não há meios de se estabelecer o menor contato com nossos soldados. Qualquer comunicação com nossas células simpatizantes do Exército está bloqueada. Melhor dizer que nossa intervenção política no seio das forças militares, o trabalho "F", está paralisada hoje. E para poder distribuir armas em quantidade nos depósitos e nas fábricas, ainda seria necessário tê-las. Sinceramente, fora o meu – ele indica com um gesto da mão seu Colt Cobra, oferecido por seu tio Salvador Allende – não tenho mais de onde tirar, sinto muito.

– *Bautista van Schouwen, Bauchi:* Sobraram os cubanos, não?

9H, EMPRESA SUMAR, SANTIAGO

"*Compañeros,* não são rumores. Os militares tentam um golpe e querem derrubar o camarada-presidente, que está entrincheirado, com os seus, em La Moneda. Precisamos permanecer na fábrica e esperar as instruções. Até lá, três caminhões já estarão prontos para levar para casa as crianças da creche da empresa, e eles poderão ser acompanhados por suas mães!". Empoleirado sobre um pallet, o dirigente sindical dá suas recomendações à assembleia composta, no pátio, por várias centenas de trabalhadores. Um pouco atrás, Hugo e Roberto escutam. Hugo solta

1. Grupo Político Militar

com a voz baixa: "Esperar, esperar, é sempre a mesma coisa com eles, eu quero é buscar a meu AK. Venha, vamos nos posicionar no teto da varanda, poderemos vê-los desembarcar...". Roberto aceita a proposição de seu acólito sem verdadeiramente se concentrar no que ele diz, porque sua atenção está em outro lugar. Desde o início da assembleia geral, ele o procura desesperadamente no meio da multidão, mas não há ninguém à vista. O "camarada" porteiro desapareceu como por encanto. "Que covarde, eu tinha certeza!", imagina ele seguindo de perto os passos do seu colega.

9H17, GRAN AVENIDA, SANTIAGO

Miguel acaba de se isolar de seus camaradas. Sentado e uma escrivaninha, ele aproveita esse raro instante de calmaria para meditar sobre a situação. Evidentemente, ele está inquieto. Nada se passa como o previsto. Com o ar preocupado, ele tenta, por reflexo, alisar seu bigode, que ele raspou nesta mesma manhã, depois pega o telefone, disca um número e solta uma frase enigmática. No outro lado da linha, um muito sóbrio "*bien recebido*" pontua a ligação. Ele desliga esperando que a mensagem chegue a quem de direito no momento certo.

9H45, AVENIDA DEPARTAMENTAL, SANTIAGO

Uma jovem elegante de rosto fino, cabelos curtos e castanhos dissimulados sob um lenço escuro amarrado avança com um passo firme antes de se imobilizar diante da escadaria da porta de entrada. Ela bate quatro vezes secamente nos caixilhos da janela do térreo: uma das folhas se abre, uma voz masculina responde aos seus cumprimentos apressados: "Tudo como combinado, mas eu acabei de receber uma ligação, pense em um revezamento a mais na sua ronda às 15h30, lá onde você sabe, e se ninguém aparecer, você conhece a instrução...". Carmen responde com um aceno da cabeça e retoma imediatamente seu caminho.

9H50, ÀS MARGENS DE SAN BERNARDO, SANTIAGO

Há mais de uma hora, Helena se esforça para se localizar na cidade, para chegar a passos largos até o bairro de San Bernardo. Seu filho Andres já dorme lá há vários dias, na casa do seu tio e da sua tia, porque é mais seguro. No caminho, ela cruza com caminhões militares uns atrás dos outros, os soldados têm todos uma echarpe laranja ao redor do pescoço. Ela é tomada por uma vontade de insultá-los copiosamente, mas se contém ao se lembrar da sua tarefa. Uma vez que ela terá certeza sobre a segurança de Andres, poderá realizar a sua missão serenamente.

10H15, GRAN AVENIDA, SANTIAGO

Uma caminhonete bege, marcada com o logo do Ministério da Construção, estaciona ao lado de um parque perto de San Ignacio. Andres Pascal Allende e Arturo Villavela, mais conhecidos por seus nomes de guerra, Pituto e El Cono Aguilar, descem do veículo e eles se enraivecem. Os dois miristas entram, com efeito, de mãos abanando da embaixada cubana. Tudo isso arriscando as suas vidas, pois precisaram sacar a arma várias vezes para voltarem sãos e salvos da sua pequena escapada. Os golpistas do Pátria e Liberdade cercaram o quarteirão da embaixada desde o anúncio do golpe de Estado, felizes demais em poder lutar contra seu inimigo de Havana. Seus bloqueios não deixam mais ninguém passar. Os dois companheiros de luta tiveram que usar a força para romper o cerco e conseguir deixar o lugar depois das suas negociações infrutíferas com os responsáveis cubanos.

Na calçada que os leva ao QG do MIR, Andrés Pascal Allende não se acalma e refaz as contas em voz alta: "Quatro fuzis metralhadoras, algumas carabinas, mais as armas de punho, é tudo do que dispomos nos esconderijos da *Fuerza Central* do Partido. É bem leve como arsenal para uma milícia revolucionária. Quando vamos anunciar aos outros que a embaixada se recusa a nos entregar armas, corremos o risco de ser um golpe muito forte. É toda vez o mesmo argumento com os cubanos, eles não cedem e repetem o mesmo discurso como depois do Tancazo em junho:

'o presidente Allende impôs seu veto e recusa toda ingerência estrangeira em uma eventual guerra civil. Ele avisou Fidel que faria de tudo para evitar esse cenário, e isso até o fim!'. Só que estamos no fim pra valer, agora."

11H, FÁBRICA INDUMET, ZONA INDUSTRIAL DE SAN JOAQUIN, ESQUINA DAS AVENIDAS SANTA ROSA E CARLOS VALDOVINOS, SANTIAGO

O estrondo da pesada porta metálica da entrada principal, reservada aos carros, sobressalta todo mundo. A alguns metros dali, na sala pré-fabricada onde se fazem as reuniões de mais alta importância entre a direção do OS, do PC e do MIR, os participantes se interrogam com os olhos, temendo o pior. Lá estão Arnoldo Camu ("Agustín") pelo aparelho político do OS, Miguel Enriquez, Andres Pascal Allende e Humberto Sotomayor igualmente presentes pelo MIR. José Oyarce foi mandatado pelo Partido Comunista. Todos aguçam os ouvidos, mas nenhum som vem do pátio, onde o portão acaba de ser violentamente fechado. Escutaríamos uma mosca voar. A tensão não poderia ser mais palpável, e, para dizer a verdade, ela não contribui em nada para o clima já bastante pesado que reina entre os participantes. A atmosfera é execrável desde uns bons quinze minutos, apesar dos esforços empreendidos por Arnoldo Camu. Ele bem que tentou se diligenciar para fazer as vezes de intermediário nas discussões entre Miguel Enriquez e José Oyarce, mas nada funcionou, os dois não se falam mais. As relações tensas entre o MIR e o PC não constituem uma novidade, é verdade, mas aí, o anúncio feito em nome do Partido Comunista Chileno por Oyarce acaba de matar qualquer esperança de reaproximação e jogou um grande balde de água fria no encontro: eles decidiram não convocar a resistência armada neste dia. Sua justificativa gira em falso e parece irreal: confiam no Exército e acreditam em um desfecho constitucional... Miguel contém sua fúria o quanto pode e se conforta com a ideia de que um acordo entre o MIR e o aparelho militar do PS parece ao menos se desenhar em torno de um plano de batalha:

erguer o mais rápido possível uma coluna de quatrocentos militantes armados e marchar em direção a La Moneda.

Consciente do seu papel, Arnoldo Camu tenta, uma vez mais, quebrar o gelo:

> – *Arnoldo Camu ("Agustín"):* É só uma porta que bateu, falso alerta certamente, estávamos dizendo que o melhor seria...

Sua fala é interrompida pelo *compañero* Rafa, sem fôlego, que entra na sala.

> – *Rafa:* É preciso partir *al tiro*! Os Carabineiros, acabo de bater a porta na cara deles.
> – *Agustín:* Eles são quantos? Fomos vistos?
> – *Rafa:* Acho que não, são só um punhado por enquanto, eles vieram para fazer uma perquisição.
> – *Agustín:* Somos mais de uma centena aqui, dos quais muitos trabalhadores da fábrica. Deve haver umas sessenta armas armazenadas no subsolo. Ei, Rafa, peça também aos operários para descarregar todas as metralhadoras AK que estão na Ford vermelha estacionada no meio do pátio. Viu só, os estoques que você conseguiu trazer há pouco da residência Tomás Moro, com o acordo de Allende, vão nos servir de algum modo. Descarreguem a caminhonete e distribuam tudo imediatamente!
> – *Miguel:* Melhor seria organizar uma saída frontal com os veículos para manter o grupo unido!
> *Andres Pascal Allende:* É arriscado, eu acho, vamos evitar um banho de sangue inútil, vamos passar, de preferência por trás, pulando os muros...

Fora, ressoam os primeiros tiros dos Carabineiros. Por sorte, por enquanto, eles só estouram nos muros da empresa que se erguem a três metros de altura.

11H15, FÁBRICA SUMAR

"Eu nunca vou conseguir!". Da vidraça onde ele se colocou com Hugo, Roberto só pensa em uma coisa, os quarenta metros de altura que os separam do chão.

> – *Hugo:* Você não está ouvindo os tiros lá embaixo? Parece que vêm da Indumet, não vai demorar para as coisas ficarem feias.
>
> – *Roberto:* Lá de baixo também podíamos ouvir!
>
> – *Hugo: Para!* Daqui podemos supervisionar tudo, sobretudo se helicópteros vieram para cá. Não se mova, vou buscar a "*point fifty*".
>
> – *Roberto:* O que é isso, agora?
>
> – *Hugo: Flaco,* não te ensinaram nada na favela? A "*point fifty*", a metralhadora de grosso calibre, está escondida nos vestiários, vou buscá-la e instalá-la em seu tripé. Se os tanques ou os helicópteros vierem...
>
> – *Roberto:* Sim, eu sei! Eles vão ver o que é bom!

Imóvel, Roberto segue a distância seu colega descer do telhado, tentando esquecer a sua própria vertigem. Depois, seu olhar pega um ponto ao acaso, na esquina da rua, e se fixa nisso para não pensar na altura. Surpresa! Ele tem dificuldade em acreditar, arregala os olhos: não há dúvidas possíveis, sentado no banco do passageiro do jipe que acaba de surgir, ao lado de três carabineiros, ele identifica imediatamente um velho conhecido... o "camarada" porteiro, que, com a mão, parece instruir os outros sobre os diferentes acessos possíveis. "Um dedo-duro, um delator...". A náusea o submerge.

12H, INDUMET

Um helicóptero paira bem acima da fábrica e aponta a sua metralhadora para a primeira linha de militantes posicionados na frente do entreposto. Os tiros crepitam repentinamente, depois o Puma dá meia-volta. O movimento das hélices levanta um turbilhão de poeira no interior dos muros da fábrica.

A precipitação do ataque aéreo pega todos de surpresa e impede a elaboração de um plano comum para romper o cerco. Agustín interpela imediatamente os seus e forma uma brigada composta por uns cinquenta combatentes para arranjar uma saída em direção da *población* de La Legua. Os miristas decidem investir contra a parte de trás do local para realizar uma fuga pulando os muros para alcançar o bairro de Vicuña Mackenna, localizado há alguns poucos quarteirões de lá. Quanto ao resto do efetivo, ele fica para conter os invasores respondendo golpe por golpe. Miguel e Agustín se separam cumprimentando-se brevemente com o olhar. Com um ar tenso, cada um parece dizer: "É só um adiamento, nos vemos em breve."[2]

12H20, ESQUINA DA RUA SAN JOAQUIN, SANTIAGO

Enérico Garcia Concha está encarregado de cobrir a marcha dos seus camaradas que ladeia o muro da pequena fábrica que dá para a rua San Joaquin. Os miristas, acompanhados por um jovem militante socialista que se juntou a eles, tiveram que quebrar o muro dessa empresa adjacente à Indumet para escapar da armadilha que iria se fechar sobre eles. Com seu AK firme nas mãos, dois carregadores no bolso, Enérico está inquieto, a silhueta de Miguel à frente, como batedor, acaba por desaparecer na esquina. Tiros estouram. Tendo corrido até lá, ele vê rapidamente Miguel, que está são e salvo. Diante dele, a alguns metros, dois carabineiros caídos no chão, um deles morto e o outro gravemente ferido.

Desta vez, é preciso correr mesmo. Ora, a adrenalina tem a faculdade paradoxal de duplicar as forças e ao mesmo tempo travar a respiração. Enérico pode ser um dos mais apegados aos exercícios militares, mas fica com a respiração curta. A urgência da situação é bem real, mas ela parece fazer com que se perca a noção do tempo. Como se as imagens desfilassem em câmera lenta em uma tela cujo som foi desligado. É por pouco

2. A morte de Arnaldo Camu, no final do mês de setembro de 1973, afetará Miguel Enriquez e marcará um rompimento da resistência armada entre o MIR e os helenistas do PS.

que se percebe que os militares atiram contra eles de novo perto da fábrica Comandari. Atrás dele, o *compañero* Leon cai no meio da corrida e se levanta cambaleando. "Ele só tropeçou, vai ficar bem",[3] pensa ele continuando a sua fuga logo atrás de Humberto Sotomayor, que decide se enfiar na fábrica na esperança de ali encontrar um veículo. Nada de carro, é preciso sair o mais rápido possível. Por uma porta escondida, os dois conseguem encontrar seus camaradas na rua. Todos redobram esforços para encontrar uma saída para aquilo que está se tornando uma verdadeira caçada.

Pelas ruas estreitas de terra batida das favelas, o grupo atravessa, sem olhar para trás, os quarteirões de Sumar e de El Pinar. Momento irreal: no meio dos tiros disparados contra os fugitivos, em intervalos regulares, as crianças continuam a brincar de pipa. Os moradores os encorajam, lhes oferecem o que beber e comer. Alguns pedem armas. No final da fuga desenfreada, uma dezena de casas adiante, perto de Vicuña Mackenna, Humberto Sotomayor finalmente nota um carro, uma Peugeot vermelha: "Esse vai servir!". É só o tempo de negociar com o proprietário, e lá se vão os miristas. Eles deixam a zona, em meio a múltiplos tiroteios, alcançando, enfim, a base de retaguarda da Gran Avenida.

14H, LA LEGUA

A coluna de fugitivos liderada por Agustín tem, por vezes, dificuldade para se encontrar no labirinto do bairro de La Legua. Por sorte, aqui também, os moradores os ajudam, os guiam, lhes dão água e comida e lhes propõem até mesmo esconderijo. O dirigente socialista freia a cadência e, com um gesto da mão em direção aos seus companheiros, pede uma breve pausa. Ele vigia o movimento dos helicópteros que turbilhonam no céu, depois observa os seus, os rostos estão marcados, concentrados, graves e determinados. Por nada neste mundo eles baixariam as armas.

3. Na verdade, Leon, Eduardo Ojeda, responsável pela repartição das armas para o MIR, acaba de ser gravemente atingido. Ele morrerá um pouco mais tarde.

– *Agustin:* Já está durando tempo demais esse jogo de gato e rato, a gente vai acabar morto de cansaço!

Uma voz se ergue, a da camarada Margarita, que adquiriu uma sólida reputação de combatente dentro do coletivo.

– *Margarita:* E o plano? La Moneda? Allende?

– *Agustín:* Eu sei da sua frustração, sua cólera, mas somos obrigados a constatar que devemos mudar de estratégia,[4] nós não poderemos liberar La Moneda com o número em que estamos.

Ele tenta pronunciar essas palavras da maneira mais categórica possível, talvez com a intenção de convencer a si mesmo. De início, é verdade, tudo estava até bem alinhado. A saída deles da Indumet tinha ganhado até ares de guerrilha urbana na qual eles prevaleceram: o primeiro ônibus dos carabineiros vindo ao seu encontro tinha sido desarmado como se deve, sem que tivessem muita necessidade de atirar, ajudados por sua superioridade numérica. Mas, ao longo do tempo, a epopeia objetivamente terminou por se transformar em retirada desesperada, notadamente porque, no calor do momento, o grupo havia se dividido em várias pequenas unidades. Agora, lhes era preciso absolutamente recolherem-se em Sumar por todos os meios necessários. Lá, com certeza, os camaradas terão munições e armas.

Para não deixar as dúvidas invadirem os espíritos neste momento delicado, Agustín retoma o fio das instruções, distribuindo tarefas imediatas a cada um.

– *Agustín:* Devemos chegar a Sumar, é o novo objetivo. É preciso um grupo na frente, um atrás e dois camaradas como batedores. Lá, nós encontraremos reforço e equipamento.

---

4. N.T. No original, "*changer notre fusil d'épaule*", uma expressão corrente em língua francesa que se traduziria literalmente por "trocar nosso fuzil de ombro", que cai bastante bem também a essa situação específica.

O esquadrão se estrutura na hora. O cortejo se coloca em marcha e, ao final de uma centena de metros, fica cara a cara com um caminhão de bombeiros surgido da esquina das ruas Los Copihues e Pedro Alarcón. A *compañera* Margarita decide, com quatro cúmplices, requisitar o veículo. Depois de tudo, isso faria ganhar tempo nos deslocamentos.

14H30, CERRILLOS-MAIPÚ

"Mais um bloqueio! Mas sem golas laranjas à vista, a princípio. Diria que só há mulheres! Temo que a minha placa diplomática não nos seja de nenhuma ajuda desta vez, é por sua conta". O motorista que acaba de falar deve ter uns cinquenta anos bem vividos, seus olhos risonhos contrastam com seu rosto aristocrático, e um sorriso juvenil emerge sob a barbicha branca proeminente. Ele não parece se cansar do monólogo que ele inflige gentilmente à sua passageira há mais ou menos meia hora: "Nena, você está me ouvindo?". Helena, com a cabeça apoiada no vidro, sai finalmente dos seus devaneios: "*Tío*, claro que estou lhe escutando, já é muito gentil da sua parte se arriscar assim para me levar ao local perto do hospital". O carro desacelera e para na altura do posto de controle onde estão reunidas várias dezenas de pessoas, operárias em sua maioria. Pallets foram empilhados uns sobre os outros, os braseiros cospem chamas que liberam uma fumaça impressionante.

À esquerda, a entrada de um imponente edifício, a fábrica de eletrodomésticos Fensa. Mais de 8 mil assalariados trabalham aqui. O estabelecimento é, sobretudo, conhecido por ser o centro nervoso do cordão industrial de Cerrillos-Maipú, verdadeira cidade dentro da cidade, ao sul de Santiago, que conta com dezenas de empresas e milhares de trabalhadores. A comuna é habitada também por inúmeros camponeses, que tinham se organizado, no fim do ano de 1972, para abastecer a população operária com legumes, sem intermediários, quando o bloqueio patronal tinha obrigado todo mundo a apertar o cinto. Na época, o contato tinha mesmo sido estabelecido com os camaradas dos bairros mais a leste, de Vicuña Mackenna, da Sumar e de El Pinar, porque por lá os sindicatos tinham supervisionado a venda direta de produtos alimentícios, lençóis e também tecidos em benefício das famílias, por intermédio dos JAP, as comissões de abastecimento. No sul da capital, sabíamos nos ajudar. É claro, uma terra de solidariedade com esta têmpera não se deixaria facilmente conquistar pelos militares. Além disso, em junho passado, a reatividade desses bastiões sociais, para muitos, teve grande peso para o fracasso do Tancazo. As equipes tinham se emancipado massivamente, assumido as fábricas, e algumas partiram espontaneamente na direção do centro da cidade e de La Moneda para se manifestarem.

No entanto, hoje, o contexto não é o mesmo, de tanto que o palácio presidencial parece cortado do resto do mundo. Nena pôde constatá-lo ao longo de todo o caminho desde San Bernado, onde ela pôde encontrar Andres alguns instantes antes de partir de carro com seu tio. Em cada posto de controle que atravessavam, a estratégia dos militares aparecia um pouco mais claramente: trata-se de estabelecer círculos concêntricos sobre a zona toda para impedir as periferias de virem socorrer Allende. Neste 11 de setembro, a resistência operária não tem outra escolha senão atuar integralmente em domicílio, localmente, agrupando as diferentes empresas próximas. À exemplo desse bloqueio mantido pelo pessoal da Fensa e das fábricas das redondezas, entre as quais a de conservas Perlak, cuja uma delegação está indo agora se juntar ao piquete. Entre eles, muitos são do MIR ou são próximos a ele. Em seu grupo, Nena reconhece logo uma militante, Renata, com quem ela conversou mais de uma vez nos cortejos. O carro do seu tio, depois de ter aguardado sua vez de passar, consegue, lentamente, chegar até o bloqueio. Nena abre a janela e interpela a sua camarada de manifestações:

– *Nena: Hola,* Renata, como estão as coisas? Você está organizando a proteção?

– *Renata: Si,* está fora de questão que venham nos expulsar. E você, me diga, você está em uma bela carroça, *querida mia.*

Renata reforça suas palavras sobre o tema com um movimento de queixo em direção ao piloto: "Quem é seu motorista?". Este não se abala e responde com uma voz brincalhona e provocativa: "*Hasta la victoria siempre!*". Confusa, mas visivelmente acostumada com esse gênero de excentricidades, Nena corta logo o desconforto que poderia se instalar:

> – *Nena:* É meu tio, ele trabalha para a diplomacia da Venezuela, hoje está me levando até o hospital.
>
> *Renata:* Ok, sem problema nesse caso, passem e se cuidem.

O carro liga de novo. Subitamente consciente do perigo que ela os faz correr, Nena se sente invadida por uma angústia incontrolável: é preciso proteger aqueles que ela ama. Sem tirar os olhos do retrovisor, ela se dirige ao seu motorista com uma voz doce e calma: "eu nunca poderei lhe agradecer o suficiente. Sem você, eu não sei como faria. Mas, uma vez lá, me prometa que vai me deixar continuar sozinha. Isso poderia lhe causar imensos problemas."

14H45, ESQUINA DA RUA ALVAREZ DE TOLEDO E DA AVENIDA DEPARTAMENTAL

Um carro de cor cinza estaciona discretamente no acostamento e parte novamente logo depois. A mulher que desceu usa uma echarpe bege ao redor do pescoço que dissimula uma parte do seu rosto: trata-se de Carmen. No céu, os aviões voam dando rasantes e lançam bombas sobre a *población* de La Legua, conferindo aos arredores um aspecto de cena de guerra. As máquinas militares que perscrutam a cidade a obrigaram a renunciar ao périplo de carro inicialmente previsto. Foi preciso mudar de estratégia em um contexto desfavorável. O anúncio pela rádio, feito alguns minutos antes, sobre a queda de La Moneda soou para ela como um direto no queixo, ao ponto de lhe dar vertigens. Não é o momento de enfraquecer. Não agora.

Para passar entre as malhas da rede, Carmen prossegue sua expedição a pé. No essencial, ela está em busca de refúgio pela cidade para os ativistas procurados, mas também de abrigo para as armas, ou ainda de esconderijos para o material e caixas de correio para a correspondência. Pois, para que a resistência se organize, a ativação da rede clandestina começa neste exato momento. E a repressão também. Trata-se então de ficar vigilante e de permanecer o mais anônimo possível. Razão pela qual Carmen finge não prestar atenção ao jipe pelo qual ela passa, nem aos três soldados que estão a bordo, disfarçando igualmente não notar que este mesmo se pôs a segui-la, em alta velocidade, na ruela onde o carro acabara de deixá-la, pisando fundo como se a perseguisse. Sem dar a perceber, Carmen aperta o passo. Ela conhece dois contatos neste bairro, o primeiro está bem perto, um militante de carteirinha. Chegando no endereço, ela bate discretamente na janela segundo o código combinado. A porta se entreabre, mas o camarada não está nem um pouco entusiasmado: "eu bem que queria, mas você sabe, é complicado neste momento...". Ele é o terceiro apoio que se supunha certo e que hoje se recusa a ajudar. Carmen compreende a situação, se recusa a julgar, ela não desespera se vai ao segundo ponto de entrega localizado há apenas algumas centenas de metros. Mesmo se a camarada em questão que mora aqui não seja membro da organização, Carmen espera ter, talvez, mais sorte com esta simpatizante. É o que ocorre, a moça lhe sorri: "Claro, Carmen, você pode contar comigo. Quando quiser. Você me dirá o que fazer e como agir, e eu responderei presente!".

Uma primeira conexão estabelecida é sempre melhor do que nada. Carmen mantém a iniciativa para os lados da Gran Avenida a partir de agora, para chegar às 15h30 precisamente ao encontro que veio se somar esta manhã ao seu itinerário militante já programado.

15H, SUMAR

Depois de ter realizado alguns movimentos concêntricos acima da fábrica, o helicóptero Puma mergulha vertiginosamente e desfere de pronto várias rajadas em direção ao depósito central. No teto, Hugo e Roberto veem seus camaradas se jogar no chão e procurar abrigos improvisados. Hugo toma a metralhadora

Ponto 50 e se esforça para mirar no Puma quando este retoma a ascendente para dar meia-volta, ele aperta o gatilho. Errou. O helicóptero ensaia seu retorno e se posiciona perigosamente perto deles. Animado por uma espécie de força invisível, Roberto puxa instantaneamente seu parceiro e se apossa da arma: "Me deixe fazer esse daí sair voando!". Depois, deitado, tendo perfeitamente se imobilizado no eixo, bem de frente para o cockpit, ele se força a esperar alguns longos segundos nesta posição perigosa, o tempo necessário para que o piloto se aproxime e tenha um alvo mais distinto possível. Ele prende a respiração quando os primeiros tiros crepitam ao redor dele, e finalmente aperta o gatilho. O aparelho desvia brutalmente de sua trajetória e voa em zigue-zague. Uma fumaça sobe o rotor, as pás desaceleram ruidosamente. O piloto desmaia sobre seus comandos, está ferido. Hugo e Roberto se levantam seguindo a descida caótica do helicóptero que acaba por desaparecer a vários passos dali. "*Flaco*, você acertou!". Balas zunem na hora nos ouvidos deles. Não há tempo para saborear a vitória. Os dois se jogam no chão de bruços.

15H30, AVENIDA SANTA ROSA, NÃO MUITO LONGE DO HOSPITAL BARROS LUCO

Desta vez, sem o salvo-conduto diplomático, o caro não teria nunca podido atravessar as barragens do Exército. O bairro está em estado de sítio, por toda parte há controles, os helicópteros sobrevoam toda a periferia, e as trocas de tiro obrigam os pedestres a correr em intervalos regulares. Graças a seu tio, Nena finalmente acaba de chegar ao seu objetivo, um lugar previamente estabelecido em caso de urgência, em um local situado a apenas algumas dezenas de metros do hospital Barros Luco. Ela manda um beijo no ar para o seu protetor para lhe agradecer antes de descer fechando suavemente o portão. Ele lhe responde fazendo o v da vitória com seus dedos, que ele cruza logo depois em sinal de boa sorte.

No fundo do pátio interno do imóvel, onde ela penetra, uma sala, completamente aberta, derrama um fluxo ininterrupto de pessoas que entram e saem. Na entrada, encostados na parede, dois homens falam de maneira veemente. Quase não se nota a chegada dela. Questão de segurança, é melhor pensar duas vezes! O lugar fervilha literalmente com indivíduos de todo tipo. Sindicalistas da saúde em sua maioria, enfermeiras, médicos, mas também professores da Universidade de Medicina. Um pequeno grupo de estudantes de farmácia acaba de entrar, colados a Nena, e sem passar despercebido. Todos parecem esperar por eles com impaciência. Com precaução, os adolescentes desembrulham, um por um, coquetéis *molotovs* fabricados sob seus cuidados. Mas a decepção se lê imediatamente em todos os rostos assim que estes últimos avisam que se trata da totalidade das reservas disponíveis, e que não sobrou mais nenhum produto químico nos seus laboratórios.

À direita, na penumbra, Helena reconhece seu contato, sentado em um sofá todo rasgado, um rapaz que trabalha em seu serviço no hospital, e que vive no acampamento La Victoria, uma *población* combativa de San Pablo, perto da municipalidade de Pudahuel. Com um movimento de mão, ele lhe indica um canto da sala um pouco mais calmo. Ali, depois de ter varrido o cômodo com os olhos, ele a atualiza sucintamente com voz baixa: "*Hola*! No nosso canto, os combates já começaram. Como podíamos esperar. Ainda disposta a nos ajudar? Você ainda pode dizer não, você sabe!". Nena confirma sua decisão opinando com a cabeça em silêncio. Seu contato visivelmente não esperava menos dela. Sorridente, ele lhe dá na hora uma bolsa de lona branca de tamanho médio, sem dar outros detalhes a não ser este conselho enigmático: "Chino está a par, ele está te esperando, seja prudente, há militares por todo o caminho".

Na sala, acabam de aumentar o som da televisão de uma só vez, o que os obriga a acelerar a transação. Como todos, eles se voltam para a tela colocada sobre a cômoda encostada na divisória do fundo. O apresentador anuncia a difusão de uma reportagem exclusiva sobre os acontecimentos do dia, precisando que uma notícia da mais alta importância chegou na redação neste instante. Um silêncio mortal ganha todo o cômodo. De maneira ultrajantemente solene, o jornalista do Canal 13 lê então uma curta declaração produzida pela junta militar anunciando a morte de Salvador Allende. Alguns instantes depois, o canal difundirá as primeiras imagens do corpo do presidente caído, tomadas no Salão Independência no Palácio de La Moneda. Um cessar-fogo foi igualmente decretado a partir das dezoito horas. O apresentador prossegue: "todos aqueles que não respeitarem esta decisão serão passíveis de...". Uma moça arremessa uma garrafa de vidro na TV, que se quebra ao cair com o choque.

15H30, GRAN AVENIDA

Carmen é pontual. O encontro será efêmero, ela sabe, segundo as regras estabelecidas de antemão. Sua intuição lhe diz que sua referência no interior do grupo do MIR ao qual ela pertence provavelmente estará lá. O encontro acrescentado nesta mesma manhã ao circuito previsto é, sem dúvida, da mais alta importância.

No momento, nem viva alma no horizonte. Se daqui a dez minutos nada acontecer, ela irá embora e passará para a etapa seguinte, como combinado. Mas, de longe, o barulho de um motor que se aproxima a coloca repentinamente em alerta. Veículo amigo, veículo inimigo? É na melhor de dois. Aparece então uma Fiat vermelha, uma Fiat que ela, felizmente, reconhece de imediato. Ao volante se encontra o camarada que dirige a sua célula, e do lado do passageiro, Miguel, que está irreconhecível, maquiado, sem bigode, com boné na cabeça. Ela entra imediatamente pelo banco de trás. Mal a porta se fecha, Miguel se volta para ela. Seu rosto está repuxado, mas ele sorri com os olhos.

> – *Miguel:* Carmencita, nós só temos alguns instantes, o tempo de dar a volta no quarteirão. É preciso reconhecer, os militares tiveram êxito no seu golpe, a resistência popular que poderíamos esperar não acontecerá hoje. E o PC que não encontra nada melhor do que... Bom, é preciso estruturar desde já a clandestinidade. Você poderia se ocupar dos meus documentos para que eles não caiam em mãos erradas?

– *Carmen: Si claro,* assim que puder, irei queimar tudo o que não é essencial, dispersando as cinzas entre as folhas mortas do jardim.

– *Miguel: Perfecto,* sobre os livros...

– *Carmen:* Não se preocupe, já me adiantei e dissimulei alguns em volumes, digamos, bem menos comprometedores: Trotsky está escondido sob a capa de *E o vento levou,* e Lênin nos *Miseráveis*...

A ideia parece agradar muito Miguel.

– *Miguel:* E o resto, os cadernos?

– *Carmen:* Verei a minha mãe na primeira oportunidade, eu acho que ela pode cuidar disso. Ela sempre me disse que ela tinha um esconderijo na casa da família, um lugarzinho digno de uma carta de Edgar Allan Poe, segundo ela.

O carro já desacelera. Carmen desce e se inclina uma última vez em direção a Miguel.

– *Carmen:* Você deveria prestar atenção e não circular muito com esse carro, é provável que ele já tenha sido notado pelos golpistas.

Miguel toma as mãos da sua companheira e as aperta intensamente entre as suas, o motorista lhe bate nos ombros: "Rápido, temos que ir, camaradas!".

16H, SUMAR

Um caminhão cuja lona traseira está rasgada de ponta a ponta tenta uma saída da fábrica, apesar da chuva de balas que se abate sobre o capô. Vários membros do grupo dirigido por Agustín avançam encobertos no rastro do veículo que progride lentamente para cobri-los ao máximo. A calmaria ligada ao seu refúgio na fábrica fora de curta duração, o Exército tendo bloqueado muito cedo todas as saídas. Para Agustín e os seus, uma nova perseguição começa. Ora, as ruas de La Legua são desde agora esquadrinhadas pelos militares, o que obriga muito rápido os combatentes a abandonar seu veículo aríete ao longo de uma ruela. Os confrontos duplicaram de intensidade em comparação com o começo da tarde e a relação de forças se inverteu consideravelmente a favor dos putschistas. Nesta hora, a coluna avança às cegas e, no caos da sua evolução, ela não para de se dispersar. Rajadas de fuzil automático ressoam repentinamente em San Joaquin. Ao largo das ruas Jorge Kaning e Los Copihues, um cara a cara violento opõe igualmente alguns dos seus camaradas a uma vintena de militares. Mais a oeste, entre Álvarez e Alcade Pedro Alarcon, um tiro de bazuca explode com estardalhaço sobre a parte de trás de um ônibus de Carabineiros. Dos telhados, atiradores allendistas acossam os soldados. Esses êxitos na luta oferecem apenas um alívio de curta duração pois os helicópteros intensificam seus ataques e varrem a área toda com metralhadoras. Vários corpos ficam caídos no chão.

16H55, GRAN AVENIDA

Os *compañeros* estão com a moral baixa, mas não desfeita, entretanto. Aqui ninguém se daria por vencido tão rápido. Mas a adrenalina caiu claramente desde que os últimos tiros foram trocados na rua com os Carabineiros. Cada um medita certamente sobre a situação e chora secretamente a morte de Léon, seu amigo e seu camarada, o único da equipe que faltou ao chamado.

Evidentemente, eles não têm do que se envergonhar sobre as ações do dia. Além do mais, os focos de resistência existem e dão bastante trabalho aos militares mais ou menos onde podia-se esperar, na zona sul de Santiago, em Cerillos-Maipú ou Vicuña Mackenna, mas também mais ao norte, nos arredores do hospital José Joaquín Aguirre, ou ainda no acampamento La Victoria, em San Pablo. No entanto, a conta está longe de fechar. No fim, mesmo com a maior boa vontade do mundo, todos esses combates heroicos permanecerão espalhados e as barricadas operárias acabarão por ceder em um momento ou em outro. Sobretudo com o cessar-fogo que se aproxima. E depois, há a falta de armas.

Uma falta cruel e funesta. Enfim, o golpe fatal, a terrível notícia, Allende está morto, o palácio presidencial foi tomado. Não é o momento nem para um balanço, nem para arrependimentos, ele impõe escolhas drásticas para evitar o pior.

Miguel levanta a cabeça e olha fixamente seus camaradas um por um: "não temos mais escolha, é preciso organizar o recuo, e a resistência armada clandestina!". Cada um aquiesce, sem dizer nenhuma palavra.

16H55, LA LEGUA

Eles não são mais do que uma quinzena agora no grupo de Agustín a se esconder no setor de La Legua. Completamente esgotados e sobretudo moralmente abatidos pelo anúncio da morte de seu companheiro de sempre, Salvador Allende, os combatentes do os organizam o recuo. Com a voz ao mesmo tempo triste, grave e digna, o dirigente dá as últimas instruções aos seus homens: "no prédio em frente, o zelador é um camarada, vão vê-lo e encontrem um meio de esconder as armas, enterrando em algum lugar para que possamos encontrá-las mais tarde. Precisamos chegar ao galpão Madeco para nos retirarmos de forma ordeira!".

17H15, VILA DE LA ESTRELLA

Em uma dezena de minutos eles deverão finalmente chegar ao seu destino, ao *terminus*, o acampamento La Victoria. O transporte foi no mínimo acrobático nesse ônibus que não é de fato um: o Liebre é um coletivo tão pequeno que é impossível ficar completamente de pé dentro dele. E neste dia, em que cada um tentava voltar para casa antes do cessar-fogo das dezoito horas, os passageiros estão aglutinados bem mais do que de costume, ao ponto de criar uma promiscuidade quase insuportável. Por sorte, Nena conseguiu se posicionar bem atrás do motorista. Antes de embarcar nesse miniônibus, ela conscienciosamente respeitou as diferentes instruções de segurança, trocando várias vezes de linha e tomando a cada vez direções opostas. Agora, ela chega ao objetivo. Sua determinação é inabalável, e a sua confiança é igual. Único senão, esses helicópteros que são onipresentes no setor e que voam baixo demais. Nena preferiria, a propósito, que o motorista se concentrasse menos no céu e mais na rua. Sua preocupação não é infundada, como ela temia, o veículo quase sofre um acidente e freia bruscamente, evitando no último segundo uma mureta de sacos de areia erguida pelos militares. Nena consegue, no limite, se agarrar ao corrimão para não ser jogada violentamente para frente e contra o para-brisa. Problema maior, no movimento e no tumulto, seu precioso saco de tecido se abriu completamente e, neste instante, seu conteúdo acaba de se espalhar pelo assoalho... Uma dezena de pequenas pistolas pretas com coronhas brancas. Pelo retrovisor, o motorista lança imediatamente seu olhar ao de Helena. "Eu desço e corro sem parar se ele me disser qualquer coisa!", ela diz a si mesma na hora. Mas nada acontece, nenhuma reprimenda, sem emoção, nenhuma reação por parte do maquinista. Com a maior calma do mundo, ela recompõe sua coragem e recolhe as armas de fogo, uma por uma, antes de colocá-las delicadamente na sua sacola. Se levantando, ela afronta mais uma vez os olhos do motorista. Este a gratifica então com uma piscadela discreta e cúmplice, e novamente o ônibus parte ileso. Ela poderá, pois, levar a sua tarefa até o fim.

Mas o espírito não é mais, de modo algum, o mesmo desde que ela descobriu o real conteúdo do seu carregamento, ela até mesmo o tocou, e sem ser uma especialista em armamentos, sabe que se trata de pistolas muito velhas e enferrujadas, de "*Matagatos*". "É impossível matar o que quer que seja com isso!", pensa ela. "*Matagatos* contra tanques! *Matagatos* contra um exército... maldito 11 de setembro...".

17H30, SUMAR

Os ataques aéreos surtiram efeito. A fábrica está, doravante, aberta aos quatro ventos, os assaltos incessantes dos carabineiros esgotam progressivamente a resistência. É preciso fugir agora. Mas como? A empresa está literalmente cercada. Tendo descido do telhado, Hugo e Roberto esperam por longos minutos que uma breve calma lhes permita tentar atravessar o galpão situado a oeste da fábrica. "*Ahora!*" lança de uma só vez Hugo. Os dois compadres correm até perder o fôlego para a porta que dá para a rua. Pausa. A ruela está bloqueada por um caminhão do Exército. Atrás deles, os combates grassam. Desprotegidos, eles são vistos rapidamente. Ei-los na armadilha. Militares, saídos de lugar nenhum, apontam seus fuzis para eles. Coagidos a largarem suas armas, eles obedecem e as jogam no chão. Não há escolha. Os empurram, os agridem, gritam enquanto os levam a coronhadas até um outro grupo de prisioneiros imobilizados em um pequeno pátio. Um oficial de patente, particularmente zeloso e agressivo, lhes ordena que se sentem, depois se levantem, depois se sentem de novo. Na quarta contraordem, Hugo fica sentado. O militar se aproxima, ameaçador: "você é um rebelde, né?". Cinco soldados o agarram e o arrastam pelo chão até o ateliê de tecelagem. Roberto observa de canto de olho as silhuetas que se desenham através da vidraça enquanto eles iniciam seu trabalho sujo. Os ruídos insuportáveis que acompanham a cena o paralisam de terror; insultos, cusparadas, ruído surdo de ossos quebrando, gritos de dor. Os torturadores, felizes e satisfeitos, trazem Hugo de volta, inconsciente. Seu rosto ensanguentado e irreconhecível, suas mãos foram deliberadamente trituradas. O chefe aproveita a prostração que se instalou para dar um sermão: "Mais alguém quer ficar sentado? Levem tudo isso para a caserna Tacna!". Fazem com que subam, com as mãos amarradas em fila indiana, na traseira de um caminhão no interior do qual colocam em cada um uma venda. Escuro absoluto. Uma violência cega tomba sobre seus corpos. Roberto sente que está prestes a desistir. Logo antes de desmaiar, ele crê ouvir uma voz que grita: "*Flaco,* nos denunciaram, mas eles vieram... E eles viram do que somos feitos!".

5

CHAMPANHE!

18 DE SETEMBRO DE 1973, SANTIAGO

Uma semana depois do golpe de Estado, a ordem reina no Chile. A ditadura se instala. Os generais estão reunidos no Clube Militar para celebrar seu triunfo. O general Pinochet, que recebe, está especialmente acompanhado pela junta no poder, Gustavo Leigh pela Aviação, Toribio Merino pela Marinha e César Duran pelos Carabineiros.

– *Pinochet:* Rapaz, traga-nos champanhe, vamos festejar nossa vitória!

– *Várias vozes em coro:* Champanhe! Champanhe!

Os empregados do Clube Militar se apressam em obedecer. No dia anterior, Pinochet deu a ordem de colocar no gelo várias dezenas de garrafas de champanhe importado finíssimo, Veuve Clicquot, Moët & Chandon, Taittinger etc., para essa ocasião festiva. Os garçons distribuem as taças de cristal e vertem abundantemente a bebida espumante a quem lhes pede.

Bebe-se o champanhe, as taças brindam, brindam de novo e brindam ainda mais uma vez. Em uma alegre mistura, os oficiais de alta patente da Aeronáutica, da Marinha, da Infantaria e dos Carabineiros celebram, na exultação, seu sucesso exuberante do 11 de setembro.

O general Manuel Contreras, imponente personagem com dois queixos e feito recentemente novo chefe da DINA, Direção de Inteligência Nacional, a polícia política do regime, toma a palavra.

– *Manuel Contreras:* Bebamos à saúde de nosso comandante em chefe, o general Augusto Pinochet, o arquiteto e o grande estrategista da vitória!

– *Várias vozes em coro:* Viva, Pinochet! Bravo!

– *Pinochet:* Obrigado, caros amigos. Eu só fiz cumprir meu dever para com a pátria. Era necessário salvar o Chile dos bolcheviques. Todos juntos, tivemos êxito em colocar os marxistas e seu chefe, o miserável Salvador Allende, fora de combate. Eles estão, em sua maioria, mortos, na prisão ou, ainda, no Estádio Nacional que requirimos devido à falta de espaço. É que temos tantos prisioneiros que nem sabemos o que fazer!

Algumas risadas diferentes pontuam seu discurso. Pinochet saboreia e retoma.

– *Pinochet:* Nos escaparam essencialmente aqueles que se refugiaram nas embaixadas estrangeiras.

– *Manuel Contreras:* Sem dúvida, mas ainda restam marxistas no Chile, escondidos em todos os buracos de rato. Alguns loucos, os miristas, e outros socialistas revolucionários do mesmo saco que se agitam na clandestinidade, e nos ameaçam com uma guerrilha de tipo cubana. Vamos pegá-los e nos livraremos deles sem piedade.

– *Pinochet:* Caro Contreras, já que as prisões chilenas já estão cheias e que nosso estádio não é suficiente, será necessário encontrar um meio para remediar isso e para "aliviar" o todo... Você entende o que quero dizer...

– *Manuel Contreras:* Absolutamente, meu general. Nós programamos para daqui uma semana uma caravana de inspeção do DINA, que passará pelos principais centros de detenção do país. Ela se ocupará de aliviar a situação, eliminando os elementos recalcitrantes.

– *Pinochet:* Eu sabia que podia contar com você para reduzir esta superpopulação penitenciária...

– *Gustavo Leigh:* À exceção dos marxistas, colocados fora de combate, o Chile nos apoia unanimemente: deputados, senadores, juízes, empresários, banqueiros, comerciantes, médicos, advogados, todos nos agradecem. Mesmo esses imbecis dos Democratas Cristãos o reconhecem: "os militares salvaram o Chile", declarou Eduardo Frei, enquanto Patricio Aylwin nos agradece por termos poupado o país de uma "tirania sangrenta".

– *Pinochet:* E, sobretudo, nós temos o apoio entusiasta dos Estados Unidos! Recebi há alguns dias esta mensagem de Henry Kissinger pela embaixada americana: "nosso maior desejo é cooperar estreitamente com vocês, e estabelecer uma base sólida para as relações cordiais e muito construtivas...". Kissinger até reforçou sua iniciativa me telefonando pessoalmente hoje mesmo: "nos Estados Unidos, como vocês sabem, temos muita simpatia pelo que vocês tentam fazer. Vocês prestaram um grande serviço ao Ocidente derrubando Allende".

– *Várias vozes em coro:* Bebamos à saúde de Kissinger! Champanhe! Champanhe!

O general Costa,[1] adido militar brasileiro, está igualmente presente na pequena festarola. Ele também deseja celebrar esse grande momento:

– *General Costa:* Permitam que eu me junte à sua celebração. Nosso governo é inteiramente solidário à sua iniciativa. Temos os mesmos inimigos e travamos o mesmo combate, em defesa da civilização cristã ocidental. Estávamos prontos para intervir ao seu lado, em caso de guerra civil, mas vejo que felizmente não será necessário.

1. Nome fictício.

Graças à sua ação rápida e eficaz. O bom senso retornou ao Chile.

– *Pinochet:* Muito obrigado, caro amigo, suas palavras nos tocam direto no coração. Estávamos certos do seu apoio. Queira transmitir ao seu presidente, o general Garrastazu Médici, toda a minha amizade.

– *Várias vozes em coro:* Bebamos à saúde do general Garrastazu Médici! Champanhe!

– *Manuel Contreras:* Eu sei que no Brasil vocês tiveram que confrontar uma tentativa de subversão armada comunista. Como conseguiram neutralizá-la?

– *General Costa:* Utilizamos métodos modernos de interrogatório e conseguimos, em dois anos, desmantelar as redes subversivas.

– *Manuel Contreras:* Nós provavelmente precisaremos da sua ajuda para o treinamento dos nossos policiais do DINA para esse gênero de... Métodos modernos.

– *General Costa:* Vocês podem contar com a nossa cooperação. Vou imediatamente transmitir sua demanda ao nosso governo.

– *Manuel Contreras:* O que fizeram com os subversivos mais endurecidos, os vermelhos irredutíveis, os indivíduos mais nocivos?

– *General Costa:* Algumas centenas deles foram eliminados, em "tentativas de fuga infrutíferas" ou em "suicídios exitosos". Você quer o quê? Os comunistas têm muito azar entre nós...

Um riso encobre todos os outros na assembleia fazendo com que muitos se virem. Um pouco de compostura, pelo menos! Não que a moral reprove o que quer que seja nesse tipo de comportamento. No entanto, a boa sociedade deve saber guardar as aparências.

– *Pinochet:* Temo que, entre nós, a infecção da sociedade chilena pelo vírus vermelho tenha sido bem maior do que no Brasil. Nos será necessário, sem dúvida, eliminar alguns milhares para garantir a ordem e a estabilidade da nossa pátria.

– *Manuel Contreras:* Em nosso combate contra o marxismo internacional e seus agentes chilenos, nós devemos ser implacáveis.

Na plateia, uma mão se ergue, a do coronel Centeno,[2] adido militar argentino.

– *Coronel Centeno:* Eu gostaria, por minha vez, como o colega brasileiro, de felicitá-los. Vocês são um glorioso exemplo para os militares de toda a América Latina.

– *Toribio Merino:* Obrigado. Qual é a exata situação no seu país? Recebemos informações confusas e contraditórias.

– *Coronel Centeno:* A situação na Argentina está caótica. Nossa presidente, Isabelita Perón, não tem nada de vermelho, é verdade, mas é totalmente incapaz de debelar a subversão. Será preciso, cedo ou tarde, que nossas Forças Armadas sigam o exemplo de vocês e tomem a situação nas mãos.

– *Toribio Merino:* E como procederão com os rebeldes?

– *Coronel Centeno:* Lamentavelmente, caro almirante, na Argentina a subversão está em toda parte: nos sindicatos, nos movimentos camponeses, na imprensa, nas universidades, nas escolas. Mesmo na Igreja encontramos vermelhos, párocos, religiosos, notadamente jesuítas, e mesmo bispos. A guerrilha castrista que assola nossa terra é só a ponta visível do iceberg. Nos será necessária uma operação de limpeza bem mais ampla que a sua!

2. Nome fictício.

– *Várias vozes em coro:* Bravo! Viva os militares argentinos! Bebamos à sua saúde. Champanhe!

– *Pinochet:* Não mais tarde do que nesta manhã, recebi a mensagem de um empresário que insistia no fato de que nós não devemos dar prova de fraqueza ou de compaixão: ele tem razão, é preciso acabar com isso para valer. É preciso eliminá-los de uma vez por todas, devemos apagar da memória de todos os chilenos, e das gerações futuras, o próprio nome de Salvador Allende, da Unidade Popular ou do MIR...

– *Várias vozes em coro:* Champanhe! Champanhe!

EPÍLOGO

Desde a tomada de poder pela junta militar em 11 de setembro, os partidos de esquerda foram colocados na ilegalidade, a liberdade de imprensa foi suprimida e o direito de greve suspenso. Essas medidas draconianas foram acompanhadas por uma repressão brutal, sem precedentes na história do Chile ou mesmo na história moderna da América Latina. Tratava-se, segundo a terminologia deles, de uma operação de "*limpieza*". Ela não visava apenas os focos de resistência, mas se estendia ao conjunto dos quadros, militantes ou simples simpatizantes da Unidade Popular e da esquerda revolucionária. Munidos de listas de nomes e de endereços preparados desde longa data, os militares procederam a centenas de execuções sumárias e dezenas de milhares de prisões. Nos meses que se seguiram ao putsch, estima-se que por volta de 3 mil opositores foram mortos pelo regime. Era preciso acabar com os "marxistas", fossem eles miristas, socialistas, comunistas ou cristãos de esquerda. Testemunhas descrevem ruas cobertas de sangue. Mesmo os militantes da esquerda revolucionária, que não tinham nenhuma ilusão sobre os militares, foram surpreendidos pelos acontecimentos: "Não esperávamos tanto ódio e tanta violência!", resume Carmen Castillo em seus escritos.

A operação de "limpeza" incluía também o pensamento político e os livros. Um documentário da época filmou essas unidades militares lançando na rua pilhas de obras "subversivas" para incendiá-las: uma cena que lembra os livros queimados em 1934 pela SA nas ruas da Alemanha nazista.

Essa depuração política e social tomou várias formas, mas seu caráter massivo demonstra que um plano estava em ação. Os lugares visados eram principalmente aqueles que se caracterizavam por uma forte concentração operária ou popular: as fábricas e os bairros periféricos (*las poblaciones*), considerados como bastiões da Unidade Popular. As *poblaciones* sofreram verdadeiros arrastões policiais. Cercadas e invadidas de manhãzinha por batalhões de soldados, as casas eram revistadas uma por uma, à procura de armas, provas ou indícios de ativismo político ou sindical dos moradores. As vítimas revelam em seus testemunhos a brutalidade dessas prisões, insultos, pilhagem, por vezes roubos de objetos pessoais, as agressões fazendo parte dos procedimentos. Outras pessoas, conhecidas por seu engajamento social e político, foram presas em suas casas com o emprego de práticas igualmente violentas. Em certos casos, militantes feridos foram sequestrados do próprio hospital e mortos pelos militares; tal foi a sorte reservada a dois jovens socialistas, membros do GAP, feridos nos combates de La Moneda, Antonio Aguirre e Osvaldo Ramos. Militares que se opunham ao golpe de Estado também foram assassinados ou presos e torturados. Foi o caso, em setembro de 1973, do general da Aeronáutica Alberto Bachelet, interpelado com sua esposa e sua filha. Torturado, ele morreu na prisão alguns meses mais tarde, Michelle Bachelet, sua filha, será presidente do Chile pelo Partido Socialista em 2006.

As prisões foram muito rápidas, e os militares decidiram confinar os prisioneiros no Estádio Nacional de Santiago, em condições desumanas que lembram muito a "*rafle du Vél d'Hiv*"[1] pela polícia francesa a serviço dos ocupantes nazistas em 1942. Os "suspeitos" chilenos interpelados nos arrastões policiais eram carregados como gado em caminhões ou outros veículos e levados até o estádio. A chegada dos prisioneiros se realizava com uma efusão de violências: mãos atrás da cabeça, os detentos eram tocados debaixo de gritos, ameaças, chutes ou coronhadas. Os homens eram amontoados de noite em salas de galeria ou em certos corredores diretamente no chão, as mulheres eram tratadas da mesma maneira, mas em outros lugares. De dia, centenas de homens passavam o dia sentados nas arquibancadas. As fotos dessas tribunas, com os prisioneiros sob ameaça dos guardas

1. [N.T.]: *Rafle du Vel d'Hiv* é a abreviação para "rafle du Vélodrome d'Hiver", isto é, "prisão massiva do Velódromo de Inverno", onde, entre 16 e 17 de julho de 1942, aproximadamente 13 mil judeus foram detidos por vários dias antes de serem enviados nos trens da morte para os campos de concentração e extermínio.

armados com metralhadoras, rodaram o mundo. Os cativos estavam totalmente desconectados do exterior, sem possibilidade de se comunicar com seus familiares, nem, claro, com um advogado qualquer, mantidos na ignorância da sorte que lhes estava reservada. A maioria dos prisioneiros eram homens jovens, muito jovens até, mas havia, igualmente, várias centenas de mulheres. Milhares de presos passaram por esse estádio. Os que sobreviveram a esse lugar funesto foram transferidos, alguns meses mais tarde, para um campo de concentração em Chacabuco, a 110 quilômetros de Antofagasta.

Vários prisioneiros detidos no Estádio Nacional foram assassinados pelos militares. O exemplo mais conhecido é o de Victor Jara, compositor, cantor, poeta chileno, autor de *Venceremos,* hino da Unidade Popular. Quebram os seus dedos: "vai, toca o violão agora, quero ver!", lhe teriam dito os torturadores hilariantes segundo testemunhas. Torturado, sem forças, ele foi finalmente executado com um tiro na cabeça.

Por volta de trezentos estrangeiros, principalmente latino-americanos exilados no Chile, mas não só, foram também detidos no Estádio. Um dos casos mais célebres é o de Charles Horman, expatriado norte-americano, conhecido graças ao filme de Costa-Gravas *Missing*, morto porque "sabia demais" sobre a participação de militares estadunidenses no golpe de Estado... Seus carcereiros fizeram-no "desaparecer", e seu corpo foi enterrado em um muro do Estádio.

Certas salas, como a enfermaria, tinham sido especialmente arrumadas para os interrogatórios. Todos os dias, um homem cujo rosto estava coberto com um capuz, *el encapuchado*, passava entre as fileiras de prisioneiros nos corredores ou nas arquibancadas, designava aqueles que ele reconhecia e que logo depois eram levados para os locais temidos por todos.

A prática da tortura era a norma: golpes, eletricidade, queimaduras de cigarro, "banheiras", simulacros de execuções e outras. As mulheres detidas foram igualmente submetidas à tortura por suas ideias ou seu engajamento político, como os homens. Elas foram, além do mais, vítimas de inúmeros estupros coletivos perpetrados pelos militares.

Segundo o recente relatório da comissão de investigação sobre a tortura (Relatório Valech), aproximadamente 30 mil pessoas foram torturadas durante os anos Pinochet, em diferentes centros de detenção administrados pelo DINA. Praticamente todas as mulheres detidas foram estupradas, e várias vezes.

Nas prisões e em outros centros, a execução dos prisioneiros considerados "perigosos" era moeda corrente. Durante a tristemente famosa "caravana da morte" organizada pelo DINA no final de setembro de 1973, mais ou menos 120 presos políticos foram assassinados, muitos jogados de aviões ou de helicópteros em pleno voo.

POSFÁCIO
DEPOIS DE 1973

Janeiro de 2023, em um café, não muito longe da estação de metrô Universidad de Santiago

Entrevista (imaginária ou verídica?) com uma militante revolucionária chilena, Victoria R., sobre os anos 1973-2023.

– *Q:* Você decidiu permanecer no Chile depois do golpe de Estado. Como você viveu os primeiros anos do pinochetismo?
– *Victoria R.:* Eles foram dificílimos, evidentemente... Em 1973, eu era apenas uma simpatizante no início, mas no dia do putsch, quando uma camarada veio bater na minha porta para me pedir para participar e servir de esconderijo, eu aceitei. Tudo começou assim para mim. Em seguida, nos tornamos clandestinos, trocando de esconderijo frequentemente, perseguidos pelos esbirros do DINA. Não sabíamos nunca se um ou uma camarada preso(a) tinha conseguido resistir às terríveis torturas dos carrascos da ditadura. Sem falar daqueles e daquelas, como La Flaca Alejandra, que decidiram colaborar diretamente com o DINA. Esses casos foram muito raros, felizmente.

Nós tivemos êxito em algumas ações também. Expropriações, dinamitações. Mas sem grande resultado político. A morte de Miguel Enriquez, em 1974, foi um golpe terrível para nós. Muitos camaradas foram obrigados a se exilar. O balanço desses anos é atroz: 130 mil prisões, 38 mil pessoas torturadas, aproximadamente 3.200 assassinatos e centenas de milhares exilados.

Q: Você ficou no país durante todo o período da ditadura?
Victoria R.: Sim, e o período foi, por vezes, muito longo. Finalmente, a contestação em massa retornou pouco a pouco. Os anos

1980 viram o despertar progressivo de lutas intensas contra o regime, sobretudo as empreendidas pela juventude e pelas populações pauperizadas da periferia das grandes cidades, as *poblaciones*. Participamos desses combates de rua, mas nosso papel era secundário: nós estávamos enfraquecidos demais pela repressão dos anos 1970.

Q: E o fim do regime Pinochet em 1988?
Victoria R.: Graças às lutas populares, às greves e às mobilizações sociais, o regime foi ficando cada vez mais isolado e impopular. A política econômica liberal, diretamente inspirada nos Chicago Boys, levou o Chile ao desastre, ao desmantelamento de toda a esfera pública e de toda proteção social. É antes por conta dessa resistência dos de baixo que a ditadura acabou por recuar, depois, por perder definitivamente, e de maneira esmagadora, seu próprio plebiscito em 1988: 56% dos eleitores rejeitaram, então, a ideia de ver Pinochet se perpetuar no poder. Foi preciso esperar 1990 para que Pinochet partisse efetivamente e que ele fosse substituído por um novo presidente eleito, o democrata-cristão Patricio Aylwin. Mas Pinochet permaneceu como chefe das Forças Armadas por muitos anos ainda, e a Constituição pinochetista ainda estava em vigor...

Q: É o que se chama de Os Anos da Coalizão (*la Concertación*)...
Victoria R.: Sim, marcados por uma aliança selada entre democratas-cristãos e socialistas, que se alternavam no governo. Claro, assistimos a uma certa democratização, mas esta "transição democrática" foi uma imensa decepção, na medida em que a política econômica de todos esses governos continuou sendo fundamentalmente a do neoliberalismo.

Q: E você nisso tudo?
Victoria R.: Nossa corrente política estava bastante enfraquecida e dividida. Ao longo dos anos 1990 ela havia, por assim dizer, praticamente desaparecido. A esquerda estava então claramente sob a hegemonia do Partido Socialista, que não tinha, lamentavelmente, mais muito a ver com aquele da época de Allende.

Tinha se tornado um partido social-democrata, ou pior, "social-liberal". Durante anos eu me impliquei principalmente no sindicato de professores assim como no movimento feminista que começava a se constituir.

Q: Como se chegou ao grande levante de 2019?
Victoria R.: Ao longo dos anos 2000 vimos aparecer uma esquerda nova, que não se encarnava nos partidos enquanto tais, mas emergia sobretudo dos movimentos sociais. Em certas lutas, alguns diziam que restava alguma coisa do MIR, seu espírito político assim como suas cores, vermelho e preto. Nós éramos alguns dos antigos da esquerda revolucionária a participar dessa nova onda de radicalidade, mas a grande maioria era composta de jovens. O feminismo foi, penso eu, um dos movimentos mais consequentes. Pouco a pouco, nós tomamos consciência de que a mobilização se tornara global. As resistências se tornaram particularmente ativas entre os indígenas Mapuche, ou ainda nas *poblaciones*. Sindicalistas combativos começaram a se fazer ouvir, e, sobretudo, uma nova geração de estudantes acabou por se insurgir. Todos compartilhavam uma grande indignação para com o governo Piñera, um puro representante da direita autoritária, nostálgico de Pinochet, bem como um desejo ardente de pôr fim às odiosas políticas neoliberais desses últimos quarenta e cinco anos…

Victoria R. interrompe a sua explicação por um breve instante para indicar a estação de metrô situada a dois passos do terraço do bar em que se dá a entrevista.

Victoria R.: Tudo começou ali. A fagulha que pôs fogo na pólvora foi o aumento do preço dos transportes públicos. A juventude tomou a iniciativa da revolta demolindo as catracas; e foi muito rápido, face à repressão em particular, uma mobilização geral contra o governo e contra a Constituição pinochetista herdada da ditadura e do neoliberalismo econômico. Eu participei sobretudo dessas mobilizações no seio do movimento das mulheres. É importante dizer que este se viu, com frequência, na vanguarda dos combates enquanto centro de coordenação das mobilizações, o eixo ao redor do qual sindicatos, agrupamentos estudantis, indígenas mapuches e *pobladores* vinham para se reunir. A onda popular foi cada vez mais massiva, tivemos manifestações com 1 milhão de pessoas na rua em Santiago. As maiores que já tínhamos visto. Mesmo se, evidentemente, a grande maioria dos participantes fossem jovens, via-se, em certos discursos, nas bandeirolas, panfletos, a presença da memória dos anos 1970-1973, da Unidade Popular, de Salvador Allende ou do MIR. Isso dito, a história não se repete nunca: a sensibilidade, os desafios, o feminismo, a ecologia ou ainda as formas de organização e de luta, conjugavam-se efetivamente no presente. Esse levante foi marcado com o selo do século XXI.

Q: Qual foi a reação do poder instituído?
Victoria R: O governo tentou nos quebrar pela violência, fazendo a polícia e o Exército intervir massivamente. Milhares de manifestantes foram presos, alguns foram torturados, mulheres foram estupradas nos prédios da polícia; centenas de manifestantes foram mutilados ou perderam um olho. Em vão! A rebelião continuou inflamada, e Piñera foi obrigado a recuar tentando negociar uma saída honrosa para ele. Foi assim que chegamos ao referendo sobre a necessidade de uma nova Constituição, aprovada por uma esmagadora maioria de eleitores.

Q: Um levante em 2019, a destituição da Constituição herdada da ditadura em 2020, a eleição de uma Assembleia Constituinte e de Gabriel Boric para a Presidência em 2021, mas a rejeição da proposta da nova Constituição em setembro passado...
Victoria R.: Para compreender tudo isso e tentar ver o que resta desta imensa revolta nos seria preciso uma entrevista suplementar, no mínimo...

ANEXO
O QUE ACONTECEU COM ELES?

I. OS PUTSCHISTAS

Augusto Pinochet

O general Augusto Pinochet reinou absoluto sobre o Chile até 1988, ano em que perdeu o plebiscito que ele havia organizado. Nas eleições seguintes, o democrata-cristão Patricio Aylwin foi eleito, e assumiu a Presidência do Chile de 1990 a 1994.

Pinochet continuou a exercer as funções de comandante em chefe das Forças Armadas até 1998. Entretempo, em 1996, ele escapa de um atentado organizado pelo Front Patriótico Manuel Rodriguez, próximo do Partido Comunista.

Em 1998, durante uma visita a Londres, ele foi preso pela justiça inglesa e colocado em prisão domiciliar em decorrência de um mandado de prisão internacional emitido pelo juiz espanhol Baltasar Garzón. A Câmara dos Lordes se pronuncia a favor do julgamento do general, mas o governo de Tony Blair acaba enviando-o secretamente para o Chile em 2000, depois de ter passado 502 dias preso. No Chile, a tentativa de submetê-lo a um julgamento por seus crimes se arrasta, com relatórios médicos servindo como pretexto para suspender os processos. Em 2003 ele declara a um canal espanhol de Miami: "eu não penso em pedir perdão a quem quer que seja. Pelo contrário, são os outros que devem me pedir perdão, os marxistas, os comunistas". Ele morreu em sua cama em 2006, com 91 anos.

Manuel Contreras

O general Contreras, chefe do sinistro DINA, é um dos raros militares chilenos a ter sido condenado. Em 1993 ele foi julgado pela Justiça pelo assassinato de Orlando Letelier, antigo ministro das Relações Estrangeiras de Salvador Allende, exilado no Estados Unidos. Tendo saído da prisão em 2001, foi novamente condenado por diversos crimes e permaneceu preso até a sua morte, em 2015.

Gustavo Leigh

O chefe da Força Aérea do Chile, que foi um dos iniciadores do golpe de Estado, era um representante da linha dura da junta e explicava tranquilamente que seu objetivo consistia em "erradicar o câncer marxista" do Chile. Em conflito pessoal com Pinochet, foi rendido de suas funções por aquele em 1978. Depois do fim da ditadura em 1990, foi colocado em prisão temporária por um juiz de instrução em razão do seu papel no desaparecimento de doze dirigentes do Partido Comunista Chileno, antes de ser libertado por uma decisão da Corte Suprema do Chile. Ele faleceu em 1999.

Toribio Merino

O almirante Toribio Merino é um dos quatro membros da junta que tomou o poder em 11 de setembro de 1973. Ele ficou encarregado da política econômica do regime, amplamente inspirada pelos Chicago Boys. Como consequência das eleições de 1990, ele pede demissão das suas funções. Nunca incomodado pela Justiça, morreu em 1996.

Cesar Mendoza Duran

O general de Carabineiros Cesar Mendoza Duran, o quarto membro da junta, dirigiu o corpo de carabineiros durante a ditadura. Em 1985 estoura o caso dito dos "degolados", três professores comunistas encontrados decapitados. O escândalo internacional é tamanho que Pinochet se sente obrigado a colocar fim às funções de Mendoza Duran. Ele morre em 1996, sem nunca ter sido incomodado pela Justiça.

Orlando Saenz

Um dos principais apoiadores burgueses do golpe de Estado de setembro, o industrial Orlando Saenz foi, a princípio, nomeado representante do Chile junto ao Fundo Monetário Internacional. Entretanto, em 1974, em desacordo com a política econômica dos Chicago Boys, ele se distancia da junta para se aproximar, ao longo dos anos seguintes, da oposição moderada.

Pablo Rodriguez

Depois do golpe de Estado de setembro, Pablo Rodriguez dissolveu seu movimento Pátria e Liberdade para apoiar a junta. Conselheiro de Pinochet, ele lhe sugeriu em 1983 a proibição da Democracia Cristã e, em 1989, a recusa da eleição de Patricio Aylwin para a Presidência do Chile. Depois de 1990, enquanto advogado pessoal de Pinochet, ele usou de múltiplas argúcias jurídicas para evitar a pena de prisão para seu cliente.

Roberto Souper

O general Roberto Souper, organizador do Tancazo, o putsch fracassado de julho de 1973, foi liberado da prisão depois do golpe militar de Pinochet e nomeado o responsável pelo Serviço de Informação do Exército em Santiago. Foi acusado, ao longo dos anos 2000, de estar diretamente implicado no assassinato de Victor Jara, em 1973. Devido ao seu estado de saúde, não foi julgado. Ele morreu em 2015.

Roberto Viaux

Organizador do assassinato do general Schneider, Roberto Viaux foge imediatamente para o estrangeiro. Perdoado pelo presidente democrata-cristão Patricio Aylwin, ele retorna ao Chile em 1990, onde morre em 2005.

Jaime Guzman

Dirigente do Pátria e Liberdade, ideólogo do movimento "gremialista", baseado em um sistema corporativista profissional, e apoiador ativo do golpe militar de 1973, Jaime Guzman justifica as violências e assassinatos da junta estimando que eles constituem o "custo objetivo de toda guerra civil". Ele será o principal redator da Constituição da ditadura, instaurada em 1980. Considerado pelos opositores como "ideólogo da junta", Guzman será executado em 1º de abril de 1991 por um comando do Front Patriótico Manuel Rodriguez. Um dos participantes dessa ação, Mauricio Hernandez, o "comandante Ramiro", foi condenado a uma pesada pena de prisão. Ele ainda está encarcerado. Contrariamente aos assassinos do general Schneider, ele não teve direito ao perdão.

II. OS RESISTENTES

Carlos Prats

O general Prats, opositor ao golpe militar, deixou o Chile depois do 11 de setembro de 1973 e se exilou na Argentina. Em 30 de setembro de 1974, ele foi assassinado, com sua esposa, Sofia, por uma bomba colocada em seu carro pelo DINA. Foi o chefe de polícia política da ditadura chilena, o general Contreras, que organizou esse ato terrorista.

Beatriz Allende

Militante do Partido Socialista Chileno, da ala conhecida como "ELN", a filha e colaboradora próxima de Salvador Allende esteve entre os últimos a deixar La Moneda no 11 de setembro. Exilada em Cuba, Beatriz Allende foi a secretária-executiva do Comitê de Solidariedade Anti-Imperialista em Havana. Em outubro de 1977, ela se suicidou.

Arnoldo Camu, vulgo Agustín

Membro do Bureau Político do Partido Socialista Chileno e responsável pelo setor armado do os, ele foi morto pelos militares durante um confronto de rua, alguns dias depois do 11 de setembro de 1973.

Miguel Enriquez

Fundador e principal dirigente do MIR, ele recusa o convite de várias embaixadas que lhe oferecem refúgio logo depois do golpe de Estado e tenta organizar a resistência durante os primeiros meses da ditadura de Pinochet, que faz dele seu adversário número um. Morre em combate, com armas na mão, durante o assalto empreendido pelo DINA em seu domicílio da Calle Santa Fé, em Santiago, em 5 de outubro de 1974.

Carmen Castillo

Militante do MIR e companheira de Miguel Enriquez, foi ferida durante o assalto contra a casa de Calle Santa Fé quando ela estava grávida. Salva por vizinhos que chamaram uma ambulância, ela foi hospitalizada, depois expulsa pela junta, sob pressão internacional. Vive em exílio primeiramente na Inglaterra e depois, a partir de 1976, reside na França. Tendo se tornado cineasta, ela dirige vários documentários, entre os quais *Calle Santa Fé*, que retoma o dia do ataque do DINA em 5 de outubro de 1974.

Augusto Olivares

Jornalista, militante socialista, conselheiro próximo e amigo de Salvador Allende, diretor da Televisão Nacional do Chile, Augusto Olivares participa dos combates do 11 de setembro em defesa do Palácio de La Moneda, onde ele se suicida durante os confrontos.

Maria Pina Valenzuela, vulgo Helena

Conhecida sob seu pseudônimo, "Helena", enfermeira e sindicalista, militante do Partido Socialista Revolucionário da Quarta Internacional, deixa o Chile e vai para a Europa depois do 11 de setembro. Após um período na Irlanda, se estabelece na França, onde milita nas fileiras da Liga Comunista Revolucionária, depois no Novo Partido Anticapitalista. Ela animará a livraria militante La Brèche durante vários anos. Morre em 2022.

Andres Pascal Allende

Sobrinho de Salvador Allende, e cofundador do MIR, Andres Pascal Allende vai dirigir esse movimento revolucionário depois do assassinato de Miguel Enriquez. Em 1976, a intensificação da repressão o obriga a se exilar em Cuba. Depois de um período no México, ele retorna ao Chile e participa de diversas tentativas de reorganização da esquerda.

Bautista van Schouwen

Médico, cofundador do MIR e membro do seu secretariado, "Bauchi" era ativamente procurado pela junta, que havia colocado a sua cabeça a prêmio por 500 mil escudos. Preso pelo DINA em dezembro de 1973, foi submetido à tortura até a morte.

Enérico Garcia Concha

Militante do MIR, sobreviveu à repressão. Ele publicou as suas memórias: *Tous les jours de la vie. Souvenir d'un militant chilien*, Cultures et Conflits, 2011. Morreu em abril de 2023.

NOTA BENE

Quando começamos a refletir sobre escrever um livro em homenagem aos combatentes do 11 de setembro, nós vislumbramos, em primeiro lugar, um outro tipo de narrativa: um tipo de "ucronia", uma história fictícia em que o povo chileno teria vencido o golpe de Estado pinochetista. Tínhamos então imaginado o roteiro seguinte: o general Schneider escapa ao atentado dos fascistas chilenos e, associando-se ao general Prats, organiza uma corrente democrática no seio do Exército. Em consequência ao Tancazo de junho de 1973, militantes da esquerda radical, do MIR, do Partido Socialista e alguns outros, criam Comitês de Defesa da Revolução (CDR) e providenciam armas com a ajuda dos cubanos e de alguns militares de esquerda; eles recebem igualmente um número considerável de bananas de dinamite, que lhes são distribuídas pelos sindicalistas mineiros. Entre os instrutores dos CDRs se encontra um antigo combatente da CNT espanhola, que lhes sugere a tática seguinte, coroada de sucesso em julho de 1936 em Barcelona: não se barricar nos bairros operários, cercar as casernas, impedir os militares de sair e depois bombardear com dinamite, até que se rendam.

No momento do golpe militar de 11 de setembro, os CDRs, com apoio de combatentes dos cordões industriais, seguem essa tática e conseguem, em várias casernas, bloquear os militares, por vezes com o apoio de soldados e oficiais democratas em seu interior. Allende comanda a resistência a partir do Palácio de La Moneda face ao putsch fascista.

A oposição combinada dos militares organizados por Schneider e Prats, de um lado, e a ofensiva dos CDRs, de outro, conseguem fazer fracassar o golpe, depois de dois dias de batalhas intensas e violentas, obrigando Pinochet e seus cúmplices a fugirem de avião para Miami.

Depois de refletir, e seguindo o conselho de vários amigos chilenos, renunciamos a esse roteiro "utópico", que corria o risco de suscitar algumas incompreensões e mal-entendidos quanto à nossa eventual intenção de desejar refazer a história indicando o "bom caminho a ser seguido". Preferimos, então, o registro da "ficção política", que apresenta a vantagem de estar fundamentada nos acontecimentos históricos que realmente se desenrolaram.

BIBLIOGRAFIA, FONTES E DOCUMENTÁRIOS

Nós nos inspiramos grandemente nas memórias de Carmen Castillo (*Un jour d'octobre à Santiago*, Paris, Verdier, 2022), bem como na HQ consagrada à sua vida (*Vaincus mais vivants*, Loic Kournwsky e Maximilien Le Roy, Bruxelles, Ed. du Lombard, 2015).

Nós nos baseamos igualmente em quatro obras importantes:
– *Poder Popular y Cordones Industriales*, Franck Gaudichaud, Santiago, LOM, 2004.
– *Chili 1970-1973. Mille jours qui ébranlèrent le monde*, Franck Gaudichaud, PUR, 2013.
– *Tati Allende, una revolucionaria olvidada*, Marcos Alvarez Vergara, Santiago, Pehuén Editora, 2017.
– *Martes Once. La primera resistencia*, Ignacio Vidaurrazaga Manrique, Santiago, LOM, 2013.

Nós assistimos, além disso, a vários documentários dedicados a este período da história chilena:
– *La Bataille du Chili*, de Patricio Guzmán, 1975.
– *Calle Santa Fe*, Carmen Castillo, 2007.
– *Héros fragiles*, Emilio Pacull, 2006.
– *La Spirale*, Armand Mattelart, Valérie Mayoux, Jacqueline Meppiel, 1975.

Por fim, os episódios do capítulo 3 que tratam da ação de Helena Pina no dia do golpe de Estado se fundamentaram na conversa filmada que ela concedeu, alguns meses antes da sua morte, a Olivier Besancenot. Nós fizemos questão de incluir seu percurso para lhe prestar homenagem, pois ela era uma camarada e uma amiga muito querida.

Este livro foi composto em Adobe Caslon Pro e
Neue Haas Grotesk Display Pro.